JN057372

対人弱者の生存戦略

The Survival Strategy of
Targeted Persons in Passing

瀬戸 裕紀
Yuuki Seto

対人弱者の生存戦略

The Survival Strategy
of
Targeted Persons in Passing

目次

第1章
対人弱者とは

What is Targeted Persons in Passing?

1‑1 対人弱者の定義

標的は選ばれる

　この世には、標的として選択されやすい性質を持つ人がいる。

　通り魔は、「むしゃくしゃしてやった。誰でもよかった」と言う。口では誰でもよかったと言うけれども、実際は自分より体格が小さく、腕力が劣る者を選んでいる。

　学校のクラスにおいて、ある者はいじめられ、ある者はいじめられない。首謀者は狡猾にも、自分が勝てるだけでなく、クラスメイトがいじめを承認しそうな者に狙いを定めている。

　加害者は常に都合のよさそうな相手を狙う。多くの場合、腕力で勝てそうな相手や、立場が弱く、泣き寝入りしそうな相手を標的に選ぶ。

　攻撃行動に何かの利があるとして、相手かまわず攻撃していてはうまくいかない。相手が自分より強ければ返り討ちに遭う。攻撃して利が得られる局面は相手が弱い場合に限られる。ここが重要なのだが、実際に相手が弱いか、攻撃によって利が得られるかは、攻撃の開始を決定づける条件ではない。

　脳は個体の行動を駆り立てる。空腹を感じさせ、食べ物を探す行動をとらせる。疲労を感じさせ、休む行動をとらせる。脳はさまざまな行動をとらせ、その個体の生存率を上げようとする。攻撃の欲求も同じように個体を駆り立てる。弱そうな個体を目にしたとき、攻撃の欲求をもよおさせ、その個体を攻撃する行動をとらせようとする。

　弱いと思った相手が本当に弱いかはわからない。相手は知略に長けているかもしれない。不屈の人かもしれない。攻撃して利が得られる保証もない。原始時代ならともかく、現代社会で攻撃行動をとれば、素行に問題ありと判断され、かなりの確率で状況が悪化する。

　そうだとしても、ヒトに備わっているのは動物時代の仕組みだ。大脳が薄く、小さく、その場その場を反応で乗り切っていた、何万年も前の仕組みを今も使っている。駆り立てに状況の複雑さを考慮する力はない。攻撃行動をとったあと、どうなるかを推察する力もない。今も変わらず、脳は個体を駆り立てる。弱そうな個体を目にしたとき、攻撃の欲求をもよおさせ、その個体を攻撃する行動をとらせようとする。

「対人弱者」は、本書を初出とする造語である。
　以下のように定義する。

> 対人関係において、攻撃の標的として選択されやすい姿形・属性を有し、不遇に対応した知識・技能を獲得しなければ生き延びることが困難な者

攻撃が開始されるという不遇

　強弱というと、競技で相手を倒す力を思い浮かべるかもしれない。戦うことが決定しているときは、相手を倒す力のみを考えればよい。しかし、平素、生活している場所は競技会場ではない。現代社会は、戦闘ではなく、協働や交易を前提として営まれている。共存の成立に攻撃抑制は欠かせない。

　暮らしの中で成員が行う攻撃は、以下の問題を含んでいる。
・対戦用に設定された場ではないところで
・襲いかかる意思を持たない者に対して
・攻撃したいと思うだけでなく、攻撃を決行すること

　一部の対人弱者は攻撃してきた者を倒す。武道の技を使い、襲ってきた相手を制圧する者がいる。法律の知識を駆使し、相手から賠償金を勝ち取る者がいる。しかし、それらの強さは攻撃の開始と関連しない。攻撃の開始を決定づけるのは、単に勝てそうに見える、あるいは攻撃しても不都合が起きなさそうに思える、その条件のみだ。

　やり返す強さを持っていても最初の一撃がもたらす損害を避けることはできない。防衛や手当てが必要になるたびにリソースを奪われる。加害者が一人しかいない場合は反撃も可能だが、蜂の襲撃のような大勢からの攻撃の場合、応戦自体が難しい。

　対人弱者にとって、他者の目視を許すことは、攻撃されるか、されず
に済むかのどちらかだ。社会で暮らすときの生活の質（QOL：Quality of
Life）は、最初から攻撃がない平穏な時間に依存する。①友好的な臨席
の機会、②学習や考案に使える平穏の確保、この二つの点で、対人弱者
には不利がある。

　現代社会は侵害行為を容認していない。街に暴力を振るう者が現れれ
ば、警官が駆けつけて制圧する。裁判を開き、刑を定め、服させる。侵
害行為をした者が利を得ることがないよう、それなりに手は打ってい
る。

　一方、被害者の救済は十分ではない。十分でないというより、できる
ことが限られるのかもしれない。被害者は苦しむ。苦しみのあまり自殺
することもある。

相手は強い、相手は弱いという印象の分布
　人は相対したとき、相手に対して対等または強弱の印象を抱く。本書
では一気に集団を視野に収め、強弱の印象の分布を仮定する。

　相対したときに勝てそうと感じる相手に左方向の点をつける。勝てそ
うにないと感じた相手には右方向の点をつける。力で勝てないだけでな
く、泣く子には勝てぬケースも右に点をつける。総当たりしたときの合
計点でヒストグラムを作成する。モデルとして左右対称の山型を仮定し
た。

図1　相対したときの強弱の印象の分布（モデル図）

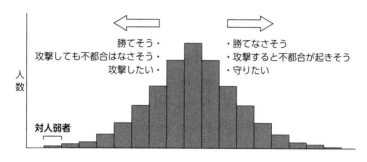

　図1の左端に位置する人を「対人弱者」とする。左端0.01％を目安としよう。この区分に位置する者は、たくさんの人々にとって、攻撃すれば勝てそう、かつ攻撃しても不都合はなさそうに見える。

　0.01％という目安は、頻度に伴う困難を想定して設定した。通常、困難に直面した者たちは、力を合わせて生き延びる。例えば、女性たちは力を合わせて差別に立ち向かう。頻度が低いと同胞に会う機会に恵まれない。生涯に出会う人の数を5千人と見積もると、1万人に1人の割合では出会う機会がほぼない。孤独が不遇に追い打ちをかける。

　対人弱者を目にする機会がめったにない点は一般市民も同じだ。対人弱者を目にした者は、並み外れた都合のよさに驚くに違いない。攻撃すれば勝てそうに見える。何をしても泣き寝入りしそうに見える。それまで善良な市民として暮らしてきた者も、生まれて初めて見た都合のよさを前に攻撃を開始するかもしれない。対人弱者の姿形や属性は、それまで抑制に成功してきた実績の範囲から逸脱している。

標的として選択されやすい姿形・属性

　攻撃欲求をもよおす姿形・属性は人によって異なる。社会は多様なパーソナリティを含んでいて単純化できない。本書では情報を入手できた範囲で、標的にされた報告がある姿形・属性を例示する（表１）

　加害者が「この性質を持つ者は侵害してもかまわない」と悪びれずに主張することがある。そのような性質は一つ持っているだけで被害に遭うことがある。

　要素の集積の影響は明らかではない。該当する要素の数が増えるに従って、攻撃欲求をもよおす人数が増えるおそれがある。加害者が場に複数、居合わせると、徒党攻撃のリスクが高まる。

　組み合わせの影響は明らかではない。姿形が下位としか思えないのに高位にいる、学歴の高さに脅威を覚えるが就労上の立場は弱いなど、傾向の不一致を背景とする攻撃の報告がある。

　わかりやすい弱性に対し、保護を主張する者が現れ、抑制が規範化することがある。例えば、年齢に着眼して起稿した児童憲章がある。規範に基づく抑制は、わかりにくい弱性には期待できない。小さな体格や気が弱そうな顔貌が要因の一つにあったとしても、体格や顔貌を基準として保護法を起稿することはできない。

表1 標的として選択されるおそれのある姿形・属性の例

［姿形］

　身体：低身長，痩せ，身体不自由がある，

　　　　幼体，老体，女性，有色人種

　顔貌：幼い，老けた，貧相な，やつれている，

　　　　善良そうな（非暴力に徹しそうな），

　　　　親切そうな（奉仕や犠牲を承服しそうな），

　　　　気が弱そうな（支配できそうな），

　　　　怯えていそうな（被虐役に好適そうな）

　服装：貧しそうな，従業員の制服を着用した

［属性］

　出身：国籍（途上国），学歴（低学歴）

　階層：政治階層（被支配層），経済階層（貧困層）

　立場：職務（部下），教務（学生），警務（被疑者），

　　　　接客（店員），労使（労働者），委受託（下請），

　　　　生計（被扶養），年齢（年下），

　　　　居住（転入），所属（新入），

　　　　発言（特定されている側），

　　　　集団に占める割合（マイノリティ）

素行の要素を除外する

　標的にされやすい姿形・属性を持つ者は、学校で授業を受けただけ、会社で勤務しただけ、道を歩いただけで被害に遭う。攻撃されるに至った行動は日常的で、特別な要素とは言えない。

　一般人の日常は安定している。攻撃された経験がない者にとって、普通に暮らしていて攻撃される状況は想像しがたい。自分の経験に照らし合わせて、特別な振る舞い、例えば、けんかを売ったから攻撃されたのではないかと想像してしまうが、そんなことはない。
　ウサギにつきまとわれなくてもトラはウサギを襲う。釘がまずいことをしなくても我々は釘を打つ。

　攻撃すれば勝てそう、都合がよさそうと思えれば、それだけで攻撃する者は現れる。本書では素行の要素を除外する。

対人弱者の不遇は忌避の不遇とは異なる

　他者に警戒される性質もつらいには違いない。しかし、避けてくれるのであれば、少なくとも危害を加えられるおそれはない。

　対人弱者の不遇は避けられることではない。人は寄ってくる。対人弱者を目にした者は、その都合のよさに吸い寄せられる。

・関係者ではないのに、会話に割り込んで糾弾を開始する。

・不都合が起きたときに、「犠牲にできる存在がいた」と思い出す。

・「私をありがたく感じるはず」という意識でつきまとう。

　対人弱者は、言わば「負のカリスマ」の持ち主だ。その不遇は、狩猟対象動物の困難に近い。

多様な攻撃背景

　攻撃の背景にある心理を例示する。

［攻撃欲求の背景にある心理］

① 内圧型　－　内圧が高まり、排出したくなる

　　むしゃくしゃする。一方的に攻撃できれば誰でもよい。

　　よくないことがあった。怒りの矛先が要る。

② 反応型　－　おいしそうな料理を目にして食べたくなる

　　この者を害したい。苦しめたい。従わせたい。潰したい。

③ 優位型　－　自分は上にいる

　　私は立場が上、この者は立場が下だ。

④ 誇示型　－　自分が強いところを見せる

　　倒すところを見せれば、人々は私に畏敬の念を抱くはずだ。

⑤ 必要型　－　必要は正当

　　搾取しなければ、都合のよい生活が成り立たない。

⑥ 課務型 ― 自分に権利、相手に義務

　　私を利する義務を果たすよう、強制しなくてはならない。

⑦ 規則型 ― 規則の自作、または創作された規則の採用

　　規則に従って、この者を下化[*1]・排斥しなくてはならない。

⑧ 階層型 ― 特権階層を維持する強迫

　　身分を履き違えないように、弾圧しなければならない。

⑨ 快楽型 ― 元気と優越をくれる麻薬

　　虐げると苦痛が和らぐ。元気になる。神になった気がする。

　攻撃欲求に駆り立てられた者は、しばしば攻撃が成功する見込みを自作する。我欲を満たす方向にゆがんだ都合のよい成功のイメージが、攻撃を実行に移すよう促す。見込みは創作にすぎないので、現実には外れていることも多い。

［攻撃成功の見込みを構成する要素］

① 攻撃できる（可能）、勝てる（勝利）

② 利を得られる（増利増権）、負担を回避できる（減担）

③ 愉悦の感覚を得られる（快）、苦痛が和らぐ（減苦）

④ 反撃してこないか反撃されてもどうということはない（無害）

⑤ 標的から利益供与を打ち切られる心配がない（無損）

⑥ 自分の攻撃行為が他の成員に容認される（社会的承認）

＊1　下化：　自分の序列観で下位と見積もった相手を、序列観通りの下位に位置づけようとして、その相手を攻撃すること。著者の造語。

被害実態

　攻撃成功の見込みが立つと攻撃が開始される。対人弱者の本質は、姿形・属性ではなく被害実態にある。

［被害実態の例］

① 閉鎖的なコミュニティで、いじめの標的になっている

② ヘイト攻撃を受けている。差別の対象とされている

③ 暴力を振るわれたことがある（汚辱や性暴力を含む）

④ 脅迫、強要、恐喝、罵倒の被害を受けたことがある

⑤ 街中で言いがかりをつけられることが頻繁にある

⑥ 居合わせただけの人から嫌がらせをされることが多い

⑦ 業務上の要請に無視、難色、棄却を多用されている

⑧ 同じ内容の非難が長時間、続いたことが複数回ある

⑨ 楽しむ目的で嫌がらせをされたことが複数回ある

⑩ 都合のよい存在としてつきまとわれたことが複数回ある

［被害者の損耗を強める累積性・集積性の要素］

① 攻撃が長時間に及ぶ

② 攻撃が執拗に繰り返される

③ 徒党攻撃、不特定多数による攻撃

④ 救済を担うはずの者による攻撃

⑤ 苛烈な被害を生き延びたのちに同種の被害に遭う

生存が脅かされることを想定する

　対人弱者の不遇では、最悪、生存が脅かされることを想定している。

　身体的暴力はときに死をもたらす。殺すつもりはなかったと供述する加害者は多いが、医師でもない者が身体に起きることを正しく推定することはできない。暴力を実行に移した時点で、被害者が死亡する、しないは運が絡む領域になる。

　複数の事件簿が、暴力がエスカレートし、最終的に死亡に至ったことを示している。暴力が開始された場合、初回の暴力が致命的でなくても、生存が脅かされる展開を視野に入れなくてはならない。

　いじめ自殺の報告書は、被害者の尊厳を毀損する行為があったことを伝える。被害当日、衝撃の中で死を選ぶ者がいる。攻撃が長期化し、力尽きる者もいる。

　暴行死、自殺、いずれも結果は生存不能だ。

1‐2 不遇に対応した知識・技能を取得する

対人弱者の不遇に対応した知識・技能を求める

スティーブン・R・コヴィーは『7つの習慣』で、相手はなかなか心を開いてくれないので、傾聴に努め、信頼を得ることが大切だと述べている。コヴィーは警戒されることが多かったのかもしれない。

お人よしの風貌を持つ人は違う。

相手は問われていないのに、自分の都合・不都合を語り出す。不満に思っていることを述べ、世話をさせようとする。不機嫌に振る舞い、機嫌取りをさせようとする。

本屋に入るとき、背の高い人は入口で腰をかがめる。背の低い人は足台を持ってきて高い棚にある本を取る。

適する戦略は、その人が持っている姿形・属性によって異なる。

虐げられたときの対処に詳しいのは成功者ではない。一般人が新しい事業に挑戦し、成功者になることと、標的にされやすい者が侵害に対処し、生き延びることでは、課題が異なる。

不遇の人生を生き延びた者は言う。

「私はただの市民です。生き延びただけのことを特別な知恵のように言われても。それにいつも本当にぎりぎりで。誇れるやり方には思えません」

謙虚な言葉とは裏腹に、生き延びた者は生き抜く知恵を持っている。当人がどれだけ謙遜しようと、害意の中にいるにもかかわらず、殺されず、自殺せず、自分を失わず、幸福を紡ぎ続けている人は、ひとかどの人物だ。

目標は平均寿命

本書は対人弱者の延命を目的とする。具体的な目標は平均寿命とする。

対人弱者として生まれた場合も、一般人と同じ、平均寿命まで生き延びることを目指す。殺されてしまうと辿りつけない。立ち行かなくなり、自殺を選んだ場合も辿りつけない。平均寿命に辿りつけない場合も、1分1秒の延命を目指す。

読者はこれから、ひと握りの知を手にする。

哲学者フランシス・ベーコンは、「知は力なり」と言った。
対人弱者に知の力を。

コラム　科学的根拠がない

　強弱分布に、モデル図が使われていることが気になった読者がいるかもしれない。

　一般に、絶対性を持つ値はデータを集めやすい。例えば、健診で採血を実施すれば、血液検査値の分布図を作成できる。一方、相対したときに起きる現象は、相対させなければ発生しない。２名を相対させることで１組分のデータが得られるが、成員を総当たりさせ、集団に起きていることを把握する道ははるかに遠い。

　社会心理学者エーリヒ・フロムは、「権威主義的パーソナリティ」を提示した。権威主義というのは平たく言うと、「強きにへつらい、弱きを虐げる」性向のことだ。

　一部の人が相手によって態度を変えるところまでは、質問票を使ってデータを集めることができた。それ以上は研究を進めることができなかった。被験者に強弱を付与して相対させる実験が安全に実施できなかったからだ。

　スタンフォード監獄実験は、科学史に残る倫理上の事件として知られる。被験者を看守役と囚人役に二分し、挙動を観察したところ、看守役の被験者に嗜虐性が宿った。囚人役の被験者は苦痛を強め、脱落していった。

　ヒトに関する情報は、実験データを取得できないことがある。検証できない仮説は肯定も否定もできず、いつまでも仮説に留まり続ける。これは仮説が偽であるというより、科学的根拠が不足している状態だ。

　本書で提示した強弱分布のモデル図に調査データは存在しない。相対したときの印象に違いがあったとして、おそらく、あのようなヒストグラムにはならない。実際にありそうなこととして、ピークが左右に寄っている可能性がある。ピークは2山、3山になることもある。明瞭なピークを持たず、平たく散らばるだけの分布もある。

　実際のデータ処理では正負の得点を相殺しない。攻撃と保護の意向が拮抗（きっこう）する属性と、最初から何の欲求も湧かない反応の薄い属性を分けて考察する。

　科学的根拠が不足していると詳細に進むことができない。生物学でグラフが正規分布にならないことはよくある。心理学は多様なパーソナリティを対象としており、生物学以上に複雑だ。
　モデルはモデル、理解を助けるイラストと考えてもらえると助かる。

第2章
攻撃されたときの対処を選択する

Choose what to do when attacked

2‑1 七つの戦略

対処方法を選ぶ

　他者から攻撃されたときの代表的な対処方法は、(1) 耐える、(2) 無視・不服従、(3) 拒否・謝絶、(4) 暴力で戦う（反撃）、(5) 言葉で戦う（反論）、(6) 救助要請、(7) 逃げる、この七つだ。

　戦略を選ぶという考えを導入するだけで、対処のレベルが上がる。これまで選んでこなかったのなら解説は不要、全体を見渡し、選び始めるだけでよい。

　最強の戦略はどれだろうと考える人が多そうだが、それはわからない。状況によって変わる。人によって技量も異なる。

　どの方法も実行すれば、その方法の経験値が上がる。相手がどのように反応するかの情報も手に入る。すべての選択に前進がある。

　次節で七つの戦略の各論を述べる。あれこれ検討する中に使える情報が含まれていれば幸いだ。

表 2　攻撃を受けたときの代表的な対処方法

対処方法	修得難易度	攻撃を停止する効果
(1) 耐える	易しい	ほぼない（しばしば悪化）
(2) 無視・不服従	中程度	不定（加害者次第）
(3) 拒否・謝絶	中程度	不定（加害者次第）
(4) 暴力で戦う（反撃）	易しい（強→弱）難しい（弱→強）	負傷後に停止
(5) 言葉で戦う（反論）	易しい（反応性）難しい（戦術性）	疲弊後に停止
(6) 救助要請	難しい（要勇気）	不定（救助者次第）
(7) 逃げる	難しい（要利権放棄）	高い（物理的阻止）

2-2 耐える

ファーストチョイス「耐える」

　攻撃されて最初に行うのは、この「耐える」だ。攻撃を受けた直後は、誰でも「耐える」で対処する。最初の驚きが収まり、考える力が回復すれば、他の選択肢も視野に入る。

　幼子はまだ難しい方法を使えない。未学習や能力不足のときも、最初から持っている「耐える」は使える。「耐える」を使ってしのぎながら、成長の時間を稼ぐ。

　戦略「耐える」が第一選択肢であるとして、そのままでかまわない状況もある。

　例えば被害の程度が軽いとき、「耐える」で対処すると手間が省ける。嫌みを言われた程度なら、手間をかけて反論するより、耐えたほうが早いかもしれない。

　中程度の被害の対処でも、「耐える」を使うケースがある。通りすがりに飲料を浴びせられたケースはきついが、「耐える」を選択することもできる。加害者と再度すれ違い、攻撃を繰り返される可能性は低いからだ。

「耐える」のリスク

　閉鎖的なコミュニティで標的として狙われているときに、「耐える」
を選ぶことにはリスクがある。

　悪意を持つ者の中には、被害者が「耐える」を選択し、不都合が起き
ないことを確認したのちに、攻撃を本格化させる者がいる（プロービン
グ行動）

　長期間、「耐える」で応じると、加害者の中で、「やはりこの者は虐待
用に生まれた別種であった。私の見立ては間違っていなかった」という
認識が定着する。「耐える」は加害者のゆがんだ認識を肯定の方向に強
化する。

　支配性の加害者は、嫌がっているところを従わせることに万能感を覚
えると語る。嗜虐性の加害者は、標的が苦しむ様子をかわいいと語る。
耐え苦しむことは、図らずも加害者に喜びを与えてしまう。

　「耐える」が最も適さないのは、加害者が標的を倒しきることを目標と
しているときだ。

　冒険ゲームのプレイヤーはモンスターを攻撃し、ヒットポイントを削
る。なかなか死なない相手に繰り返し暴力を振るうのは、お金を払って
でもやりたいエンターテインメントだ。

ヒットポイントを半分まで削ったところで中断するなどとんでもない。暴力を振るっているときの意識は、「まだ倒れないか！　これでもか！」だ。そして、ゲーム感覚でやっていたことは現実であって、標的は最終的に死亡する。

　2018年7月2日、大阪府堺市で起きたあおり運転殺人事件では、「はい、終わり」という加害者の声がドライブレコーダーに残されていた。

（産経新聞　2018年7月23日）

第三者の印象

　被害者が耐え続けるとき、第三者の印象は想像以上に悪い。被害者は、「こんなに苦しんでいるのだから、わかってくれるに違いない」と考える。しかし、よくある見方は、やられ役を承服しているというものだ。

「自分なら、こんなひどい侵害には耐えられない。ここまでひどくなる前に反撃に転じるか、脱出している。対処しようとしないことから察するに、この人物はやられ役を承服しているということだ」

　第三者の目には、耐え続けることが不自然で、被害者が自分とは違う方針を持っているように映る。

　関わり合いになりたくないと考える者もいる。
「巻き込まれたくない。標的になりたくない。加担するのもごめんだ」

耐えられるか耐えられないかの二択思考

　侵害されることはつらい。つらさの中で考えることは、このつらさに耐えられるか、耐えられないかだ。「耐えられるうちは耐える、耐えられなくなったときは自殺する」と考える。この考え方は危険だ。耐えるか死ぬか、この二つしか道がない。

　歴史小説には軍師が出てくる。軍師も自軍が耐えられるか、耐えられないかを気にかける。しかし、自軍以外の要素も視野に入れる。天候、地理、敵兵の心理、援軍の有無、後日の展開などだ。

　被害を受けたときの最善の選択も高度な思考の先にある。状況を把握し、大きく展望し、方針を立案することは、平時でも難度が高い。混乱している状態では、さらにできない。苦しさに目を向けているときと、周りを見渡しているときでは、見える世界が違う。最善の道は、全方位に展望が開けているときに初めて見える。

　耐えられるか、耐えられないかで考える状態に陥ったとき、思い出すべきは、自分が精神的に損耗しているという事実だ。まずは回復し、考える力を取り戻す。回復以上に優先すべきことは何もない。

　回復したあとで思う。
「混乱しているときの考えは当てにならない」

「耐える」の苦痛は大きい

「耐える」を選択したときの苦痛は大きい。心が被害感でいっぱいになる。されたことが繰り返し思い浮かぶ。

　改善の見通しがあるのであれば、「耐える」の選択も悪くない。しかし、狙われている状況には自発的な改善を期待できないことが多い。よくなる見通しがないことが苦痛を強める。

　憤りが強く湧く者もいる。憤りをため続け、凶器を手にする者がいる。傷害事件の前段階としての「耐える」は褒められない。事件を起こす前に、「耐える」以外の戦略を検討すべきだった。

選んだ「耐える」は、ひと味違う

　主体的な「耐える」には、ただの「耐える」にはない、心の健康を保つ効果がある。

　やり方は、まず、戦略を選ぶ。選んだという意識を持つ。

「自分が戦略を選んだ。させられたのではなく、自分がこの戦略でいくと決めた。自分には行動を決める力がある」と考える。主体的な選択には、もれなく誇らしい気持ちのボーナスがつく。

　行動すると事象が発生する。その事象は自分の選択によって誘導された。主体的に行動すると、自分が状況をコントロールしているという感覚が手に入る。現実には、自分の行動のみで事象が決まることはない。自分も世界を作り出す一人であるというだけだ。微力であるとしても、「自分が状況を作り出している」と考えることには、心を支える力がある。

　解決しない苦痛は半減する。
「状況は変わらない。それはそうだろう。なぜなら私は何もしていないからね」

　加害者への憤りも少し和らぐ。
「私は仕事に戻る。他者に目を向けている加害者は仕事が進まない」

「耐える」を長期計画に組み込む形もある。
「3月で卒業だ。そこまで辿りつけば、流れに乗って離脱できる」
「6月末に失業保険の受給権が発生する。あと2カ月耐えれば、金の心配をせずに療養できる」

「耐える」を選択するケースはある。受動的に耐えると被害意識で苦しさが増す。受動的になりやすい戦略を主体的にするため、ひと手間かける。意思を持って選ぶことで心の健康を保つことができる。

まとめ 「耐える」

「耐える」は習わなくてもできる。ただし、これ一つで引っ張るのには
限界がある。

・戦略「耐える」

　　適する　：

　　　苦痛が軽度に留まるとき、攻撃が繰り返される懸念が少ないとき

　　適さない：

　　　暴力が開始されているとき、死にたい気持ちが強いとき、

　　　報復殺人が視野にあるとき

2-3　無視・不服従

「無視」の特徴は主体性にある

　被害者は黙っている。見ている者に「耐える」と「無視」の区別はつきにくい。しかし、被害者の意識は違う。受動的な「耐える」は、「加害者は攻撃した→私は攻撃された」と続く。「無視」では、「加害者は攻撃した→私は無視する」と続く。無視には抵抗の意思がある。

　無視は、意識が主体の位置をとることで可能になる。

　苦痛や憤りは湧くように湧く。その苦痛や憤りとは別の位置に意識を結ぶ。励起（れいき）が強いと意識が苦しみや憤りと一体になってしまい、別の意識を持つことができない。おそらく、初回の被害直後は難しい。2回目以降は、苦痛や憤りを感じながらも、事前に立案しておいた無視を実行できる。

主体的な姿勢には心の健康を保つ効果がある

　主体的な姿勢には、心の健康を保つ効果がある。「自分が決める」「自分が行動する」と考えると、苦しい中でも心が折れにくくなる。

主体的に行動したときの正の心理効果には、以下のものがある。

① **本意感**（自分の意に沿っている）　cf. 不本意感

② **有能感**（自分には物事を変える力がある）　cf. 無力感

③ **意義感**（この行動には意味がある）　cf. 無駄、無意味

④ **安堵感**（担当範囲を全うしたという分責意識が生む安堵）

⑤ **好転感**（上向きのベクトルを出したことで発生する遠望）

「加害者が私のことを悪く言ったとして、それは加害者が悪く言ったというだけのことだ。私は無視で応じよう。他者がどうするかではなく、自分がどうするかが私の課題だ」

　主体の意識を持つ者には「自分」がある。確固たる自己を持ち、攻撃されてもダメージを受けにくい様子は、甲冑で身を固めた騎士に似ている。

強要に「不服従」で立ち向かう

「不服従」には、損害を減らす効果がある。

　金を差し出すように要求されたとして、差し出さなければ損害は防げる。万引きしろと命じられても、万引きしなければ窃盗犯にならなくて済む。書類を偽造するように強要されても、偽造しなければ横領犯にならなくて済む。

「要求をのんだほうが、被害が少しで済む」という考えが頭をよぎる。しかし、現実に被害が少しで済むかはわからない。加害者はしばしば、言うなりになる者に執着する。

　古く、従わない者を殺す時代があった。恭順を示した者のみに生存を許す暴君がいた。強要されると従ってしまう性質は現代人に受け継がれている。しかし、現代は、古代でも、近代でもない。現代において命を失うおそれが強いのは、皮肉にも従った人に見える。現代では、他殺より自殺のほうが多い。警戒すべきは、服従を続けることによって、状況が悪化の一途を辿り、自殺するしか道がなくなることだ。

　暴力を振るう者から、ひと気のない場所に呼び出されたときは不服従がよい。体育館の裏や河原に呼び出されたとして、行かなければ暴力を振るわれなくて済む。従った先には暴行が待っているだけだ。

　従わないことに恐怖が強い場合は、その足で警察に向かうことを勧める。警察に行けば相談記録に脅されているという一文を残せる。

　子は親の命令を聞いて育つ。その期間は終わった。子供時代のやり方に不都合が起きている。不当な要求に従わないことを開始する時期だ。

「不服従」を提唱したのは、インド独立の父、マハトマ・ガンディーであった。「非暴力、不服従」のうち、「非暴力」は行動要件で、実効部分は「不服従」にある。

「無視」と「不服従」の限界

　ある要求者は、要求が通らなかったとき、「要求が伝わらなかったからだ」と考える。本当は要求内容が相手の利害に抵触しているから不服従で対処されたのだが、要求者にはそれがわからない。説明されてもわからないぐらいなので、説明なしではまずわからない。要求者は「伝えることができれば要求は通る」と信じ、執拗に要求を繰り返す。

　恐喝も止まない。要求を繰り返すだけで100万円が手に入るのなら、１カ月間、要求を繰り返すことなど大した手間ではない。不服従で対処すれば、経済的な被害は減らせるが、平穏は確保できそうにない。

　無視と不服従に物理攻撃を防ぐ力はない。不屈の精神を持っていても物理的な攻撃を防ぐことはできない。「板垣死すとも自由は死せず」、板垣退助の意志は刺されても揺らがなかったが、重傷は負った。

　偉人たちは命より天命を重んじている。読者が天から使命を授かったのなら、誰が何と言おうと、その使命に命をかけるだろう。しかし、まずは人生の折り返し点、40歳付近まで生き延び、天命を果たす実力を身につけることが先だ。

　キング牧師が撃たれたのは39歳、板垣退助が刺されたのは44歳、ジョン・F・ケネディが撃たれたのは46歳。読者が学生や新社会人であるなら、間違いなく生き延びることが優先する。

まとめ　「無視・不服従」　————————————

「無視」と「不服従」は、意識が主体の位置をとることで可能になる。
主体的な姿勢には心の健康を保つ効果がある。

・戦略「無視・不服従」

　　適する　　：

　　　言葉を使った侮辱、強要

　　適さない：

　　　破壊、身体暴力などの物理攻撃

2‑4 拒否・謝絶

「拒否」を表明する

「無視」と「不服従」は伝える力が弱い。

　加害者は、無言の奥に秘められた抵抗の炎を読み取れない。

　加害者の目には、不服従がもたついているように映る。

「拒否」では、はっきり「ノー」と言う。

　声に出して言う。あるいは書いて出す。

　言わなくても伝わると考えるのは驕りだ。試さないうちから伝わらないと決めつけるのも早い。

　迷うばかりで拒否に踏み切れないとき、おそらく自分に拒否を表明する勇気がない。向き合う対象は加害者ではなく、自分の勇気のなさかもしれない。

　勇気を持って表明し、状況が動き始めたとき、拒否の持つ力の大きさに驚くだろう。状況が変わらないときですら、自分を守るための言明ができたという満足が手に入る。

「拒否」の方法

　拒否の表現には、以下のようなものがある。

「迷惑です」「嫌です」「お断りします」

「行きません」「興味ありません」「従う気はありません」

　謝絶に使える表現には、以下のようなものがある。

「交際の意思がありません」「契約する気はありません」

「関わりたくありません」

　交際を強要されているときは「嫌い」も使える。嫌いという感情を自ら尊重してみせ、拒否の代用とする。

　ビジネスでは婉曲表現を多用する。しかし、本書が想定しているのは契約条件の擦り合わせではない。侵害や強要を受けたときの拒否だ。

　悪意に対して拒否を表明するときは、わかりやすく、簡潔に、きっぱりと、言いきる。

「拒否」のポイント

　拒否のポイントは三つある。

　ポイントの一つ目は、「私」を主語とすることだ。

「あなたはそうですか、私の意向はノーです」と自軍の旗を立てる。たった一人でも、軍を率いる武将のように振る舞う。旗幟鮮明、「私」を主とする表現には力強さがある。

　拒否の意向を固めるとき、心の声に耳を傾けたのではないだろうか。「自分の意向はノーだ」という認識があれば、そこから「私の意向はノーです」という発語を導くことができる。

　臨床心理学者トマス・ゴードンは、「私」を主語とする主張をアイメッセージ（I-message）と名付けた。「私」を主語にすると、無用の言葉のトゲも減らせる。

　ポイントの二つ目は、非難を減らすことだ。

　言明の中に非難が含まれていると、相手は自己の安寧を回復しようと弁明に注力する。非難しなくても弁明を始めるぐらいなので、非難すれば、ほぼ確実に弁明に注力する。拒否を目に入れてもらうため、用件を拒否表明に絞り込む。非難を削りきれない場合でも、量を［非難＜拒否］に整えれば、主題が届く可能性はある。

　ポイントの三つ目は、終わりにすることだ。

　検討は終了した。結論は出た。「ノーです」という主張は個人の意向を表すものであって、疑義の余地はない。やりとりは終わりにする。

誇りに訴える

　一部の者は、拒否を受けて引き下がる。

　嫌がる気持ちを尊重できることは誇らしい。侮辱や支配の欲求がくすぶっていても、克己の誇りが上回れば抑制を選ぶ。

　表明した拒否は、相手の意向を尊重できるという「有徳の自己像」の部品になる。遠まわしな表現ではよい部品にならない。相手の拒否の意向が明瞭であったから、「それならば」と尊重を思い立つ。

　引き下がることを決めた者は、「相手が嫌がったので」と口にする。しかし、間違えてはいけない。相手は拒否に従ったのではない。拒否を受けて引き下がるか下がらないかは、それを判断する当人の誇りに負っている。被害者にできるのは、ノーであるときにノーと表明することだけだ。

激高、その後を考える

　一部の者は、拒否されると激高する。

　激高した者の精神世界において、拒否は権利侵害と認識されている。加害者は自分に権利を設定している。例えば、支配権、搾取権、懲戒権などだ。標的には義務を設定している。例えば、自分に従う義務、自分の世話をする義務、下位者らしく倒される義務などだ。拒否されると「間違っている。正さなくては」と考える。

他者が嫌がることを平気でできてしまう者は、おそらく、ミラー能[*1]に障害がある。ミラー能に障害を持つ者は、他者の心情や意図に関わる情報の入手が限定されている。

　他者の心情や意図の情報を欠いた精神世界で、人格を備えた他者像を構築するのは難しい。たとえて言えば、プリンターに痛覚、利害、誇りを設定するようなものだ。プリンターが動作するという認識は持てる。しかし、プリンターに人格を想定しろと言われると困惑する。そもそもプリンターに人格を想定する必要を感じない。動作する機械という認識から先に進めない。

　遅々とした成長の中で、わかりやすい拒否は有効な情報になる。他者に嫌がる気持ちを想定できるようになるまで、何十年もかかるかもしれない。そうだとしても、成長の道は続いている。

　激高した者は、標的が思い通りにならないことに気がついている。拒否を生身の人が持つ心情として感じとることができないだけで、だめだということは何となくわかっている。むしろ、だめだということがわかったから、かんしゃくを起こしたのだろう。わずかな情報を通して、人の姿をした機械たちが思い通りに行動しないことは、少しずつわかってきたところだ。

*1　ミラー能：　他者について得た情報（動作、発語、選択など）を不随意に自分の脳に転像（ミラー）し、対象者の心情や意図を感知する能力。著者の造語。

「拒否」のち「不服従」

　一部の者は、拒否しても侵害や要求を続ける。

　要求の繰り返しに、拒否を繰り返すことができる[*2]。結果は分かれる。

　・ある要求者は、繰り返しに疲れ、要求を停止する。

　・ある要求者は、気分が高揚し、疲れ知らずになる。

　拒否しても要求がやまなかったときは、「不服従」を使う。

　昼食の支払いを押し付ける上司がいたとしよう。この上司は「尊い自分が同席してやるのだから代金は部下が払うべき」と考えている。

　さて、その上司が昼食に誘ってきた。

　逆らえば報復人事をされるという恐怖が湧く。その恐怖に克つ。おとなしく従っておけば、重用してくれるのではないかという甘美な幻想が頭をよぎる。それも払いのける。そして、きっぱり、「行きません」と言う。

　上司は引かない。「仕事が終わるまで、待ってあげるから」とつきまとう。「お断りします」と拒否を繰り返したが、聞く耳を持たない。

　拒否表明は済んだ。あとは不服従とする。昼食は共にしない。

＊2　壊れたレコード：　アサーティブ（assertive）における会話術の一つ。

わかってもらえない不満を処理する

　拒否が了承されないと、「拒否をわかってもらいたい」という気持ちがくすぶる。その気持ちを自分が受け止める。自分がわかってやる。

　他者の手を借りてもよいが、加害者は適任ではない。加害者が拒否の事実を受け入れるのには時間がかかる。少なくともその時点では、嫌がられたときに退く誇りを持ち合わせていなかった。

　人生終盤、死を前にした時期に分別がつく者もいる。終末期を看取る医師は、担当した患者の中にいじめや嫌がらせをしたことを後悔する者がいると述べている。わかってもらえない苛立ちは、はるかな時間が受け止める。

「謝絶」は予想に反して後悔しない

　親しくない人を謝絶するのは、それほど難しいことではない。しかし、友人を謝絶するのは苦しい。本当に世話をしてあげなくてよいか。将来、自分が世話になる可能性がないと言いきれるか。延々、迷う。繰り返し自分に、「この程度の被害は些細なことだ」と言い聞かせる。

　結果として謝絶の時期は遅れる。被害が超過した状態で謝絶するので後悔が起きにくい。むしろ「もっと早く謝絶していれば、ここまで被害が拡大することはなかった」と、逆向きに後悔する可能性のほうが高い。

　基本的に加害者からの謝罪はこない。自分にとっては迷惑な行為でも、相手にとっては問題のない行為であった。人は自分の行為を正しいと思っている。

　謝罪を求めているうちは関係を断てない。謝絶の成功を一番にすると、謝罪の獲得は二番に下がる。平穏の価値を確信したときが、謝絶の適期だ。

拒否・謝絶の限界

　暴漢は拒否された程度では暴行をやめない。暴力を振るわれたときは、大声を出して助けを求める、場を離れるなど、別の方法で安全を確保する。

まとめ　「拒否・謝絶」

　簡潔に「拒否」を表明する。攻撃抑制の誇りを持つ者は、攻撃を停止してくれる。

・戦略「拒否・謝絶」
　　適する　：
　　　まだ一度も拒否表明をしていないとき
　　適さない：
　　　拒否表明を終えているとき、相手が聞く耳を持たないとき

2‑5 暴力で戦う(反撃)

暴力の欲求

　映画や漫画は、暴力で問題が解決する物語を繰り返し描く。この手のコンテンツがあふれていると、暴力を使えば問題を解決できるように思えてしまうだろうか。

　エンターテインメントは人の願望を反映している。エンターテインメントは、暴力を使うと問題を解決できることを表しているのではなく、人類が暴力を使って問題を解決したいという欲求に駆り立てられていることを表している。

　ヒトに暴力の欲求が備わっていることは、かつて、暴力が生存に有利であったことを思わせる。生物の世界では、生き残る者が生き残る。子孫である我々には否応なしに、暴力を使って利を得ようとする血が流れている。

　暴力を振るうと有利になる時代があったとして、ヒトの繁栄は暴力で築いたのではない。もし、暴力しか能がなかったとしたら、ヒトは他の肉食動物と同じく、わずかな個体数に留まっていただろう。生態ピラミッドの上部は常に小さい。採集と狩猟で維持できる個体数はわずかだ。

　ヒトの興隆を決定づけた戦略は、協働生産と交易[*3]だった。農耕や牧畜を営めば、食糧を増産できる。物資を交換すれば生産効率は上がる。道具も生産効率を上げるのに役立つ。現存する人口のほとんどは、協働と交易で増産された品質の高い生産物で生きている。

　協働と交易を基盤とする繁栄には、安全、互利[*4]、信用[*5]が欠かせない。人類はどうにかこうにか、暴力を抑制する価値観を打ち立てた。常に抑制できるとは限らないが、価値観を立てるところまでは到達した。暴力の欲求は相変わらず湧くので、これはスポーツやエンターテインメントを使って処理することにした。

[*3]　交易：　マット・リドレー『繁栄—明日を切り拓くための人類10万年史』, 早川書房（2010年）
[*4]　互利：　双方が利益を得る関係。win-win。経済学および進化生物学で頻出する概念。リチャード・ドーキンス『利己的な遺伝子』, 紀伊國屋書店（1991年）
[*5]　信用：　ユヴァル・ノア・ハラリ『サピエンス全史』, 河出書房新社（2016年）

暴力の結末

　現代でも、暴力を振るうことはできる。しかし、エンターテインメントのようにはいかない。ゲーム「ドラゴンクエスト」に登場するモンスター、スライムは、倒すと仲間になりたがる。エンターテインメントではそういうことになっている。現実は違う。現実に起きる反応は怒りと憎悪だ。やられた相手はやり返す。かくして暴力の応酬が開始される。

当初の想定では暴力で問題が解決するはずだった。実際は、やられる一方の関係から応酬しあう関係になるだけだ。殴っても殴っても、バラ色の結末はやってこない。

　エンターテインメントでは戦闘後、当事者たちはあっさり健康体に復活する。現実には、当事者たちはけがをする。場合によっては身体に障害が残る。戦争を開始するとき、民は勝利を夢見て意気盛んな様子を見せるが、ほどなく手足を失った兵士や大やけどを負った兵士が帰国するのを目にして愕然とする。願像[*6]と現実は違う。

　双方、命があれば、後日、仔細を問われる。殺人事件にならなくても、傷害事件は成立する。刑事と民事、二つの裁判が待っている。

　有体に言って、都合のよい願像は、真実ではなく、脳が個体の行動を駆り立てるメカニズムの一つだ。暴力を振うと問題が解決するイメージを見せれば、個体はニンジンに釣られた馬のように走り出す。

　暴力を実行に移せば、その後の人生は少なからず制限される。人生を何にささげるかは選ぶことができる。一番よいのは自分の夢にささげることだ。他者にささげるとしても、人を虐げる者ではなく、徳の高い者にささげたくはないか。

＊6　願像：　欲求性の発信を背景として脳内に結像した都合のよいイメージ。人物像、社会像、道具、状況、展開、因果、法則、仕組み、設定などの形がある。著者の造語。

第三者の印象

　暴力で反撃するとき、第三者の印象は芳しくない。

　当事者が若齢者同士の場合、よくある認識は「けんか」だ。未成年が
暴力で応酬しあう様子は、けんかにしか見えない。いじめにやり返しが
含まれれば、その案件は、けんかとして処理される。

　防衛のため、やむをえず反撃したのに、けんか両成敗と言われ、大人
に頭を摑まれ、腕力で押し下げられる。大人だって、頭を摑まれ、腕力
で押し下げられたら嫌だろう。この理不尽を食らわないためだけでも、
暴力の行使を避ける意義がある。

　人類は現在、種全体で英知を集め、暴力に頼らない解決を目指してい
る。暴力以外の対処に汗する者から見ると、暴力は易きに流れた選択に
見える。暴力を使った反撃、特に、防衛の範囲を超える攻撃は、正当性
の自認に反して第三者の印象が悪い。

被害意識と弱者の自認は当てにならない

　多くの加害者が、「自分は被害者である」と認識している。
　被害意識が暴力の正当性のよりどころにならないことは、耳学問とし
て知っておいたほうがよい。脳に被害意識を湧かせれば、抑制を解除さ
せ、暴力を実行させることができる。「個体を操るのなんて簡単だ」、そ
んな思い上がった駆り立ての操り人形になっている場合ではない。

人は脳内で「自分は弱く、相手は強い」という設定をしていることがある。しかし、暴力で勝利し、有利や優位を得られたのだとしたら、その認識は間違っている。暴力を振るって勝利を得たのであれば、認識はどうあれ、強かったのは自分だ。自分がやったことは弱い者いじめだったのだ。

　脳という計算機は、勝てそうなときに実行という答えを出す。勝てる見込みがないときは、攻撃の欲求はそのままで、別の機構が決行を阻止する。

　真に弱い者が暴力を使って反撃する性質は、進化史における死亡率が高すぎたのか、あまり残っていない。高頻度で残っているのは、「弱者を自認する強者」が、弱者に暴力を振るう性質だ。

まとめ　「暴力で戦う(反撃)」

　暴力を振るえば、苦しい生涯を送ることになる。願像と現実は違う。

・戦略「暴力で戦う（反撃）」
　　適する　：
　　　緊急抵抗（死傷回避、拘束解除）、痴漢行為の拒否
　　適さない：
　　　暴力が開始されていないとき、停戦の道があるとき

2‑6 言葉で戦う(反論)

ひとこと言い返す

　反論で一番、簡潔なのは、ひとこと言い返して終わりにすることだ。言い返すという行動をとったことで気分もよい。「やられっ放しになるつもりはありません」という拒否表明にもなる。ひとこと言い返す程度のことに相手を倒す力はない。逆に言えば、最大でも防衛にとどまるところがこの方法の優れている点だ。

　ひとこと返しの極意は、ずばり、状況分析にある。台詞をまねしただけでうまくいくかは保証できないが、達人がどんな言葉を使っているかは参考になる。ひとこと言い返すやり方を例示する。

(1) 明示できないと気づかせる　(疑問形を使った考察誘導)

　害意が暗示されたとき、「それはどういう意味ですか?」と、説明を求める。明示すれば脅迫罪が成立する。相手が明示してよいか迷ったら、その間を使って仕事に戻る。

(2) 攻撃欲求に気づかせる　(疑問形を使った考察誘導)

　相手は攻撃欲求を自覚しないまま、攻撃していることがある。その場合に、「○○(攻撃)したいのですか?」と尋ねる。相手が言いよどんだら仕事に戻る。

(3) 頼みごとに気づかせる （疑問形を使った考察誘導）

　自分でもわからないまま、非難が止まらなくなった者に対し、「だったらどうなの？」と問いかける。相手が考え始めたら仕事に戻る。

　相手はしばらく考えて、頼みごとを持ってくる。

(4) 保身の視点を持たせる （鏡を置く）

　「○○ですか……」と、侮辱に使われた言葉を復唱する。人間ボイスレコーダーになり、録音した語を再生して聞かせる。相手が発言を証拠にされても大丈夫かと考え始めたら、その間を使って仕事に戻る。

(5) 温和そうな会話で調子を崩す （順次性の違和）

　場違いな「ありがとう」を使う。侮辱して楽しむつもりだったのに、感謝の言葉が返ってきた。理由はわからないが続けにくい。相手が困惑したら、その間を使って仕事に戻る。

(6) 売られたけんかは死んでも買わない （拒否表明）

　「口論が好きではない」「売られたけんかは買わないことにしている」と、応酬を拒否する意向を表明して去る。

(7) 疲れていることを示す （迷惑情報の提供）

　特定の属性を持つ者に対し、「自分には尋問権がある」と考える者が高頻度で存在することがある[*7]。回答すると非難や指図が始まる。回答を避け、「その質問を受けるのは500回目ぐらいかな」と、遠くを眺める。「疲れているので」と言い足してもよい。

＊7　マイクロアグレッション（micro aggression）：　社会的に弱い属性を持つ者に対して行われる、日常的で自覚の薄い侵害性の言動。精神医学者チェスター・ピアスの提唱に由来する。

ひとこと言い返す方法のポイント

どんな言い争いもいつかは終了する。ひとこと返しは、その終了のタイミングを10秒後にセットする。わずかな間を作り出して幕を引く。

ひとこと返しのポイントは三つある。

ポイントの一つ目は、身体で終了を表すことだ。

どのパターンでも言い終えたら身体で終了を示す。顔の向きを変える。身体の向きを変える。自分の仕事に戻る。その場所から去る。にらみ合ったままでは終わるものも終わらない。

ポイントの二つ目は、自分から終了を誘導することだ。

相手は気分が高揚し、疲れ知らずになっていることがある。相手が「もういい、下がれ！」と提案するのを待たず、自ら終了を誘導する。

ポイントの三つ目は、防衛に徹することだ。

拳を突き出すと脇が空く。その脇に軽く触れて、気づかせるだけにする。大きく拳を突き出して反撃すれば、今度は自分の脇が空く。

自分の課題に戻りたい者は、早期に対応を終わらせることを考える。やりたいことを持つ者は何かと強い。

言い争う

　人間、言い返したいときもある。我慢できないときまで無理に口をつぐむ必要はない。殴りたくても殴らないほうがよいのとは対照的だ。

　言い争いは絶対悪ではない。相手がどのような動機で攻撃していたのか判明することがある。論点が明らかになり、利害調整が進むことがある。きっかけはただの立腹でも、論戦は知的な活動であって、そこには成果と成長の余地がある。

　論戦において、自分にできるのは、自分の主張を整えることだけだ。自分にとって満足のいく発言をする以外、何もない。

　相手のことは相手が決める。相手の内心はわからない。黙りこくったとして、別の方法でやっつけようと思ったのか、面倒な奴とは関わりたくないと思ったのか、内心は知りようがない。

　言い争いで注意したいのは場所だ。ひと気のない場所で口論すると暴力に発展する危険がある。危ない場所で口論を開始してしまったときは、単身、移動を開始する。言い争いが絶対悪でないとしても、夜間の駐車場で行われる罵り合いに生産性は期待できない。

　業務上の論戦で安全を確保したいときは、他者の目を入れるとよい。会議を開催すれば複数の人に列席してもらうことができる。メールにCC をつけて、管理者の監視下でやりとりすることもできる。

言い争ったあとに言い争いを避ける心理が手に入る

　言い争いは疲れる。やめたいと思ったときがやめどきだ。問題は次回だ。対人弱者は多数の人から標的にされる。すべての相手と言い争いを続けていたら人生の時間を使い果たしてしまいそうだ。幸い2回目以降は、相手にしなくてよいと思える心理が支えてくれる。

　落ち着きをもたらす心理の一つ目は、期待値が下がることだ。
　相手は言い争いの中で、「侵害を楽しめなければ意味がない」と本音を漏らすことがある。「関わらないことが最善の人物」という判断が出ると、言い争うことを含めて、関わりを避けたいという気持ちが生まれる。

　落ち着きをもたらす心理の二つ目は、心の中の決着だ。
　私の考えはこうだと主張が固まる。自分の主張が固まると、相手にわかってもらう必要を感じなくなってくる。「I'm OK. You're OK.[8]」、自分と相手のあいだに線を引き、住み分ける展望が見え始める。

　落ち着きをもたらす心理の三つ目は、自分の苦痛への気づきだ。
　そのときは自分でもよくわからないまま、夢中になって言い返した。興奮が収まってから気がつく。自分は落ち度を言い立てられたくなかった。成果を否定されたくなかった。自分の苦痛に気がつくと、相応の落ち着きが手に入る。話を聞いてもらうとしても、別の人がよさそうだ。

---

[8]　I'm OK. You're OK.：　精神科医エリック・バーンが提唱した交流分析における四つの立場の中の一つ。

民事訴訟

　紛争の解決手段として、民事訴訟がある。訴訟には高額の費用と時間がかかる。それでも訴訟に踏み切るケースはある。背景には同じ被害で苦しんでいる同胞の存在がある。同胞が苦しんでいることを思えば大きな負担にも耐えられる。

　不遇を嘆くだけの姿勢から、法の下で争う姿勢へ。内面の違いは振る舞いに表れる。

まとめ　「言葉で戦う(反論)」　────────

　論争を通して得るものがある。ただし、リソースは多量に消費する。

・戦略「言葉で戦う（反論）」
　　適する　：
　　　反論したいとき、やられっ放しにならない姿勢を表すとき、
　　　社会活動としての論戦
　　適さない：
　　　リソースが惜しいとき、暴力に発展する危険があるとき

2-7 救助要請

職場におけるパワーハラスメントと相談窓口

　退職は手を打ち尽くしたあとにしたい、そう考える者は多いだろう。独力でできることをやり尽くしても終わりとは限らない。救助を受けられるかもしれない。

　2019年、労働施策総合推進法が改正された。パワーハラスメント防止指針は、事業主に以下の対策を求めている。

　① パワーハラスメントを行ってはならない旨の方針の明確化

　② 相談に応じ、適切に対応するために必要な体制の整備

　③ パワーハラスメントに係る事後の迅速かつ適切な対応

　④ 相談者・行為者等のプライバシーの保護、相談を理由とする
　　 不利益取扱いの禁止

　項目②は、事業主にハラスメント相談窓口の設置を求めている。兼任で 1 名を指名しただけの簡易な体制もあるかもしれない。窓口は社外に設置されることもある。体制には強弱があるとして、遵法企業であれば、どこかに救助を要請できる可能性が高い。

職場における救助要請の方法

　職場でパワーハラスメントの被害に遭ったときは、まずは職場の管理責任者に相談を試みる。加害者が同僚であるときは上司、加害者が上司であるときは一段上の部門長に相談を試みる。

　申し出の結果は分かれる。適切に対処してもらえるケースがある。対処どころか、相談にさえ応じてもらえないケースがある。適切な対処がなされなかったときは自主的な対応を断念し、法に基づいて設定されたハラスメント相談窓口に相談する。

　最初に、事実情報を伝える。
　聞き手は何があったのかを知りたい。将来、事実情報が必要になることを想定し、被害に遭ったときは、いつ、どこで、何があったか、記録をつける努力をする。記録は当人が思っている以上に力がある。

　次いで、困窮について述べる。
- ・健康問題：　けがをした。鬱病が重くなり、勤務を続行できない。
- ・生活被害：　自宅に入られている。私費を供出させられている。
- ・配慮欠落：　暴行犯や痴漢である者を上司と仰ぐ気になれない。
- ・業務支障：　無視や罵倒がひどく、意思疎通できない。
　　　　　　　会議から外され、方針がわからない。
- ・触法切迫：　改竄の強要を断りきれない。
　　　　　　　横領に加担せよという強要を断りきれない。

　最後に、事前に考えておいた、どうしてほしいかの要望を述べる。
　座席の変更、異動、休暇や休職などを申し出ることができる。思うだけでなく、声に出して伝える。希望が通る通らないは、伝えたあとの話だ。

　訴えは記録に残る。
　記録に残してもらえないケースも想定し、自分でも残す。

学校において問題が発生したときの救助要請

　未成年者の「苦しい」「助けて」「どうにかして」という訴えは、成人が行う救助要請と比べて問題を解決に導く力が弱い。学校でいじめがあったときは、子から親への救助要請が有効なアクションになる。

　民法第820条は、親権を行う者は子の監護及び教育をする義務を負うとする。保護者まで「どうにかして」では始まらない。どのような手順で安全を確保すればよいか、親が子に代わって手段を調査し、方針を決める。何ができるか、成人の知恵と行動力が問われる。

　いじめに対処する方法は模索が続く。
　児童たちは幼い。してはいけないことがわかっていない。指導者がいじめ不可の姿勢を示すことが初手になる。

　現行法は、教職員自ら、いじめを助長するケースを想定していない。学校ぐるみでいじめが行われたときの対処は困難を窮める。

その他のコミュニティにおける救助要請

　管理責任者の設定は、学校、職場など法が定める組織に限られる。任意の集まりで被害に遭ったときの救助の要請先は公的機関になる。

警察に対応を要請する

　重篤な問題は警察が対応する。具体的には、暴行（208条）、傷害（204条）、脅迫（222条）など、刑法に抵触する事件を扱う。

　警察に対応を要請する形は二つ。

　一つは、緊急通報だ。
　とにもかくにも警察に駆け込む。身の安全を守るために交番や警察署に駆け込む。あるいは何とかして通報し、現場に駆けつけてもらう。刑法の知識はなくてよい。安全確保を優先する。

　もう一つは、緊急とまではいえないが、攻撃がエスカレートしているときの要請だ。
　まず、刑法を使って対処することを決意する。決心できたら、警察に出向き、「被害届を出したい」と申し出る。受理の要件を揃えるため、事前に弁護士と相談してから警察に出向くことを勧める。被害届が受理されると、警察が捜査を開始する。警察の要請に従って捜査に協力する。

　殴られた段階で動いていれば、殺されずに済んだと思われる事件が複数ある。警察に救助要請を出すのは勇気が要る。勇気をかき集め、振り絞る。

　事件とはいえないが、安全に不安があるときに適する方法として、警察相談ダイヤル「#9110」がある。重大事件への発展を防ぐ、防犯の視点で相談に乗ってくれる。

　警察相談ダイヤルでは、警察官や元警察官が助言をくれる。相談内容により、警察内の専門部署（性犯罪、サイバー犯罪）や、連携先である法テラス（日本司法支援センター）、児童相談所、女性相談所に引き継ぐこともある。

　警察相談ダイヤルへの相談が被害届の代用にならないことに留意する。公務には手順がある。捜査は、被害者が警察署に出向いて被害届が受理されることが起点になる。

弁護士に相談する

　弁護士は法律の専門家だ。刑法、民法を始め、多数の法律を熟知している。弁護士はビジネスとして法律相談を行っている。高額と決めつけず、実際の料金を調べてみるとよい。多くの事務所は、初回の相談料金を手が届く価格に設定している。「法テラス」への相談は無料だ。経済的に余裕がない人は、その後の弁護士相談も無料になる。

弁護士は人権を守るためにどのような法律が制定されているか、条文を示しながら説明する。周囲に加害を肯定する人しかいないとき、法律がどのように述べているかを知ることは心の支えになる。

　弁護士は法律を使ってどのような対処ができるのかを教えてくれる。書類の作成料金は高額として、相談する前は、どのような書類が必要なのか、料金はいくらなのか、その知識も持っていないのではないだろうか。

　弁護士は記録をとる重要性についても教えてくれる。相談したことで気持ちが落ち着いて、「もう大丈夫」と思うかもしれないが、ここは助言に従って記録をとろう。事態が悪化せず、記録を使わずに済めば、それに越したことはない。

救助は保証されない

　管理者が、隠蔽に走る事例が報告されている。

　管理者はしばしば、問題が起きていない状態を評価対象に設定されている。この設定を変えない限り、隠蔽の傾向は改善できそうにない。

　固定給で雇われた者のいくらかは仕事の発生に顔をしかめる。固定給の職員にとっては仕事をせずに給与がもらえる状態が一番よい。

　担当者が多忙で燃え尽きていることもある。業務過多などを背景として、公的機関が撃退の姿勢をとることは、水際作戦と呼ばれている。

　助けてくれる人もいる。しかし、全員が助けてくれるわけではない。すべての担当者に救助活動を期待するのは無理がある。多くのケースで、担当者の利害が救助と逆向きになっているためだ。

救助要請の最大の難点は絶望にある

　救助を要請したとき、救助はあったり、なかったりする。しかし、救助要請の難点は救助が保証されないことではない。救助を断られたときの精神的ダメージが大きすぎるのだ。

　できることをやり尽くし、自殺するしかないと思い詰める中で、勇気を振り絞って救助を要請した。それを拒否されたときの苦痛は大きすぎる。一縷の望みにすがるほど、断られたときの絶望は大きい。希望と絶望は表裏一体の関係にある。

　2014年11月、相模原市に住む14歳の男子生徒が自殺を図り、翌年2月、死亡した。この生徒は、親の暴力から逃れようと、児童相談所に保護を要請していた。しかし、児相は保護を見送った。

（神奈川新聞　2016年3月23日）

　死因は、こう言ってよいのであれば、「絶望」だろう。

救助を要請するときは、絶望対策を併せて行う。

　救助要請を出すところまでを自分の領分として終わりにする。そこから先、救助するかしないかは、100％受け手の領分であって、自分には関わりのないこととして横を向く。訴えを受け取った者の行動責任は、すべてその人のものと考える。「この世で自分を救助する責務は自分にしかない」と考える。絶望よりは孤独のほうがまだ耐えられる。

まとめ　「救助要請」

　救助は、してもらえることも、してもらえないこともある。絶望に殺されるのを防ぐため、事前に心を防御しておく。

・戦略「救助要請」
　　適する　：
　　　管理責任者が設定されているとき、
　　　救助を扱う機関が設置されているとき
　　適さない：
　　　救助要請先がないとき、
　　　救助要請先が水際作戦を方針としているとき

2‑8　逃げる

戦略「逃げる」だけが違う

「逃げる」は他の戦略と違う。他の戦略は陥っている状況の範囲内で、生き延びる方法を考える。「逃げる」ではその場から出ていく。報復の欲求に打ち克ち、新しい人生を開始する。

物理的に攻撃不能にする

「逃げる」の最大の長所は、加害者が物理的に攻撃できなくなる点にある。そこに標的がいなければ攻撃できない。「逃げる」が攻撃を停止する効果は絶大だ。他殺、自殺、いずれかが視野に入り、事態が緊迫したとき、選択肢「逃げる」を使えるか使えないかが生死を分ける。

「逃げる」には、危険と命の問題を切り離す効果がある。火災が発生した家屋に留まり続けて、命が助かる見込みは薄い。事態は緊迫している。しかし、逃げることができれば命は助かる。

「逃げる」では、巧拙より選択が重要になる。下手でも無様でもかまわない。足を踏み出し、歩を進めれば、高率で助かる。

利権の放棄

　脱出は、滞在場所で得ていた利権を放棄することで可能になる。放棄することになる利権は、そこに住む権利、そこで教育を受ける権利、その職場で働く権利のほか、職位の有利、購入の有利などさまざまだ。

　どの利権も失うのは苦しい。しかし、「逃げる」を困難にしているのは利権だけではない。心因を克服し、問題を利権の放棄に絞り込むのが、「逃げる」の成功への近道だ。

第三者の印象

　言い合いを目撃した者は、それを口論と認識する。片方が攻撃、片方が防御の場合でも、双方が相手を倒そうと言い争っていると認識する。

　この認識は片方が去ることで変わる。去ったというその事実が、攻撃を受けていたとの理解を導く。言い合う様子を目にしていない者でさえ、転校した、退職した、参加をやめた、契約を解除したという情報を耳にすると、離脱者に被害が出ていたことを推察する。

　反論の節を読んで、「弁が立つ人はうらやましい」と思った読者がいただろう。救助要請の節を読んで、「うまく説明できる自信がない」と思った読者もいたかもしれない。重度の口下手でも、この「逃げる」はできる。見てわかる行動は、千の言葉より雄弁に何があったかを伝える。

「逃げる」の限界

　部屋に閉じ込められ、外から鍵をかけられると逃げられない。取り囲まれたときも逃げられない。精神の消耗が進み、脱出の意思を持てなくなったときも逃げられない。

まとめ　「逃げる」　————————————

・戦略「逃げる」

　　適する　　：

　　　害意が明らかであるとき、暴力が開始されているとき

　　適さない：

　　　留まることが本意であるとき

2-9 その他の対処

　七つの戦略以外にもさまざまな対処がある。どの対処も否定されない。正しかろうが間違っていようが、生き残った者が生き残る。

［攻撃されたときの対処の例（七つの戦略以外）］

① 泣く

　　生理反応であって意図した対処ではないかもしれない。そばにいる者に介入を促す作用がある。加害者が抑制の必要に気づくこともある。

② エンターテインメント

　　夢のある物語を楽しむ。物語は架空でも、現実に元気は出る。

③ 考えない

　　考えない。目をそらす。結果として急性期の自殺を免れる。

④ 公開

　　加害者は自分の侵害行為が記事にされ、非難されるのを目にする。

⑤ 方針を掲げ直す

　　政治家や活動家が非難に応じず、方針の掲げ直しに注力する。

⑥ 考察

　　研究者や創作家は、経験のすべてを考察の対象にする。

⑦ 非接近

　　近づかない。脱出に成功したのちに選択が可能になる。

第3章
「逃げる」をマスターする
― 決断編 ―

Become Skilled at Escape Strategy

― Make a Decision ―

3‑1 「逃げる」を学ぶ

選択肢に「逃げる」を加える

　草食動物は、天敵の肉食獣に接近されると逃げる。すべての個体がもれなく逃げる。教わっていなくても逃げる。過去、逃げようとしない個体が生まれたこともあっただろう。その個体は死んだ。死んだので逃げないという戦略は残らなかった。

　このように、個体を死に至らしめることで次代に継承する形質を絞り込む形を淘汰という。適者生存という語には、優れた形質を持ったひと握りの個体が生き残る響きがあるが、現実の淘汰は下限除外型だ。死にさえしなければ生き残る。死ななかった個体がすべて残る選抜方法であったからこそ、現存する生物種は多様になった。もし、一つしか形質を残せない選抜方法であったなら、単一の生物種しか存在しない世界になっていただろう。

　戦略「逃げる」は、ヒトの標準搭載にはならなかった。ヒトには代わって、知力が標準搭載されている。知力があれば、状況に合わせて行動を変えられる。危険に際し、「逃げる」が適していそうな場面では逃げる。「戦う」が適していそうな場面では戦う。状況に合わせて戦略を変えるやり方は、選択肢が一つしかない場合と比べて有利になる。

　戦略「逃げる」を使うには、「逃げる」を選択肢として持っている必要がある。「逃げる」は標準搭載ではないので、個人によって使える／使えないがばらばらだ。天賦の才を授かり、教わってもいないのに上手に逃げる者がいる一方で、時間をかけて学び、訓練して、ようやく逃げられるようになる者もいる。

　使う／使わないは状況で決めるとして、スキルを持っていなければ、いざというときに使えない。平時ならともかく、状況は緊迫している。危機に直面し、動揺しているときに、考えてみたこともなければ試したこともない、未知の戦略を選んで実行することは容易ではない。

　この世には、他の戦略が奏功せず、「逃げる」を使わなければ切り抜けられない難局がある。天賦の才を授かった者以外は学習し、訓練し、選択肢に「逃げる」を実装しておこう。使わずに済むときは使わなくてよい。転ばぬ先の杖だ。

　火災を想定した避難訓練では、業務を放り出し、安全と信じていた場所から避難する。加えて、座学で火災の原因や煙の性質を学ぶ。
　本書の「逃げる」講座も、座学と体験訓練の二部構成になっている。

3‐2「逃げる」の実行には主体性が要る

二つの主体

本書は、主体性に二つの形を想定している。

(1) 自分が主導・主動する

自分が立案し、自分が実行する、そのような位置取りがある（表3）

表3 脱出の主担当

	立案 （主導）	実行 （主動）
A . 誰かが救助に来てくれるのを待つ	他者	他者
B . 誰かが脱出を指示してくれるのを待つ	他者	自分
C . 管理者に要請して救助してくれるのを待つ	自分	他者
D . 自分が逃げると決め、自分を逃がす	自分	自分

誰かが救助に来てくれるのを待つ形は、立案も実行も他者だ。

エンターテインメントでは、なぜか遠い星からヒーローがやってきて、自分の代わりに怪獣をやっつけてくれる。あるいは、なぜか魔法使いのおばあさんが訪ねてきて、舞踏会に出かける支度をしてくれる。現実の世界で、他者が自分の世話を立案・実行する義理はない。

　自分が逃げると決め、自分を逃がす。この形は担当がすべて自分だ。手間はかかるが、工程の中に他者が主導権を握るパートがないので、自分がしっかりしていれば実行できる。

　自分が決める。自分が実行する。心の中でそのようにイメージする。「誰かがしてくれる」イメージは、どれだけ強く思い浮かべても実体化しないが、「自分が決め、自分が実行する」イメージは、思い浮かべることができた時点で、早くも実現のドアに手がかかっている。

(2) 主体意識が主導する

　ネズミやアリも自発的な行動をとるが、動物の行動を主体的とは言わない。赤ん坊が泣くことや、未熟者がカッとなって暴力を振るうことも主体的とは言わない。主体的と呼べる状態は、大脳を基盤とする高度な脳の働きを要件としている。

　ある日、原始的な動物は、神経の塊（中枢神経）を作り始めた。中枢神経の機能の一つは、生存率が高まるように個体の行動を駆り立てることだ。どのように駆り立てるかは、淘汰が決める。

　反応性の駆り立ては、外界から入った情報によって励起する。一部の者は攻撃されたとき、反応的に戦う、あるいは反応的に逃げる。しかし、どちらの駆り立ても標準搭載ではない。よくあるのは、どう行動すべきか、脳が何も指示を出してこない状態だ。

「嫌だ」という気持ち、これだけは標準搭載されている。ほぼすべての人が攻撃されると苦痛を感じ、警戒を強める。問題はそこからどうするかだ。

　大脳には神経の接続点が無数にある。神経回路が発達すると、戦略の立案や使い分けが可能になる。充実したヒトの大脳を使えば、戦略「逃げる」を初期搭載されていないときも、「逃げる」を立案、実行できる。

　問題が一つある。逃げることを思い浮かべると、自分の中から逃げることを妨げる謎の駆り立てが湧くことがある。妨げになる内発があったときは、その内発に打ち克って「逃げる」は成功する。

　大脳が充実すると、意識は、外部情報、記憶情報、内発情報、この三つを統合する位置に着く。「逃げる」は、意識が主体の位置をとることで可能になる。

3-3 選択を妨げる心因に克つ

「逃げる」が難しいという認識を持つ

　逃げることを思い浮かべると、正体不明の「難のある感覚」が湧くことがある。難のある感覚は何も説明してくれないので、人は勝手な解釈をつける。解釈には、例えば、以下のものがある。

・不能の解釈：「逃げようとしたところで逃げられるはずがない」
・無効の解釈：「どこへ逃げても同じだ。逃げても変わらない」
・凶兆の解釈：「逃げると悪いことが起きる」
・不善の解釈：「逃げるのは道徳的に善くないことだ」

　調査も実験もしていないのに壮大な結論を出している。心因が絡むときによくあることだ。

「逃げる」は本質的に難しい（表4）

「逃げる」が難しいという認識から始めよう。
　自転車にうまく乗れないときに、自転車に乗ると悪いことが起きるという凶兆の解釈はつけない。スポンジケーキが膨らまないときに、ケーキを作るのは道徳的に善くないことだという不善の解釈はつけない。難しい技術は、学び、練習して、できるようになるものだ。

表4 「逃げる」は本質的に難しい

初期状態	難度の高い選択
利権を維持する	利権を放棄する
その場に留まる	その場から逃げる
苦しむ	立案する（主体）
逃げられない感じに支配される	心を縛るものに抵抗する（主体）
他者に害される	自分を救出する（主体）

「見えない鎖」を切る

　苦境を見かねた隣人が脱出を勧めることがある。その言葉は心に届かない。「そんなことを言われても、逃げられないんだ！」という叫びが聞こえるようだ。「どうして？」と尋ねても、「どうしてって、わからないよ！」と返事がくるだけだ。

　心の中に見えない鎖がある。

　逃げられない感覚を作り出しているものが何であるかわかれば、それを克服する意思を立ち上げることができる。見えない鎖は切れないが、見えた鎖は努力次第で切れる。

　どのような心因を克服すれば、「逃げる」が可能になるのか見ていこう。

表 5　「逃げる」を妨げる見えない鎖

妨害になる心理	心の感じ	抵抗の例
(1) 初めての挑戦	無理	できない感じがするのは初めてだからだ
(2) 怯像	怖い	困難は現実だけで十分だ
(3) 面倒・手間	面倒	手間と平穏を天秤に
(4) 指示依存	禁止されている	人生の立案は自分がする
(5) 逃走不可の強迫	逃げてはだめだ	救出ミッションから逃げない
(6) 責任を取ってもらう夢	責任を取ってくれるはず	命令を多用する人物を警戒する
(7) 理解されたい欲求	わかってくれる	ミラー能が動作しない者もいる
(8) 条件代行型自己肯定	存在価値を失ってしまう	私は条件に自己肯定を頼らない

(1) 初めての挑戦

　大人になると新しい取り組みをする機会が減る。長期間、チャレンジのない生活を続けていると、新しい試みを開始するのが大変だということを忘れてしまう。

「逃げる」を初めて試す時期が成人後になることはある。試したことがないのであれば、何歳のときであろうと、それは初めての取り組みだ。できない感じがするのは初めて試すことだからだ。

(2) 怯像

　心が作り出した怯像[*1]<ruby>怯像<rt>きょうぞう</rt></ruby>は、現実より手ごわいことが多いようだ。

　合否発表前に悲観して自殺する受験生がいる。自殺者の何人かは合格だったという。1987年の米国のブラックマンデーでは、株の暴落を見て自殺した人がいた。破産後、地道に働きながら食べていく生活が始まって、その生活がつらくて死んだのではない。

　脱出を決行すると現実が展開する。現実の困難は取り組むことが可能だ。思い浮かぶばかりで変えることのできない怯像と違って対処のしようがある。困難は現実だけで十分だ。

＊１　怯像：恐怖性の発信を背景として脳内に結像した都合の悪いイメージ。悲惨な状況、悪い展開、他者の悪意、自分が報いを受ける設定などの形がある。著者の造語。

(3) 面倒・手間

「逃げる」は行動を必要とする点で面倒だ。面倒なのは事実だが、どれだけ面倒くさがりでも外せないことはある。安全や平穏は重みが違う。

　自分の心をのぞき込む。「面倒だ」という気持ちを見つける。自分の中から面倒だという感覚が湧いていることを認める。

　これで面倒と思う気持ちを吟味できるようになった。面倒だと思う気持ち、安全や平穏を確保したい気持ち、これらをそれぞれ左右の手にのせて、主体的に方針を決めることができる。

(4) 指示依存

　幼いころは、命令に従うことで生活を成り立たせた。両親は何をすればよいか、立案・指示する仕事を肩代わりしてくれた。

「指示が出ていないということは、逃げてはいけないということだ」
「必要があるときは、指示が出ることになっている。指示がない今は逃げる必要がないということだ」

　その判断方法は幼児のままだ。成人はどうやって生きていくか、自分で決める。この世に自分以上に自分の管理責任を負う者はいない。

(5) 逃走不可の強迫

「逃げてはいけない」という強迫に駆られて逃げないことを克己とはいわない。強迫に屈したのだから、むしろ敗北に近い。「逃げたい」「逃げてはいけない」、どちらからも距離をとった位置に主体はある。

暴力が優勢であった時代、戦場で敵に背中を見せると殺されやすかったかもしれない。にらみ合いにこだわる者が死を免れたのであれば、その形質は継承される。

対峙にこだわる戦略が強者に搭載されると有利に働くとして、弱者に搭載されたときは有利にならない。強者が弱者をなぶり殺しにする状況で逃げないという戦略をとれば、それはもう殺されるだけだ。

強迫の特徴は、不合理だと認識できるのに制御が難しい点にある。そこで、強迫にも働いてもらう。

逃げるべきものと、逃げてはいけないものを分ける。
逃げるべき対象は害意だ。害意なんかに自分の貴重なリソースを分けてやらなくてよい。
逃げてはいけないものは、自分を救出するミッションだ。どれだけ困難でも、どれだけ勇気が必要でも、必ず救出を成し遂げる。
加えて、自分を強化することからも逃げない。強さは他者を倒すこと以外にもたくさんある。

(6) 責任を取ってもらう夢

「逃げるな」と命令されたとき、それを「その人が責任を取ってくれるということだ」と解釈し、逃げないことを選ぶ者がいる。夢を壊して申し訳ないが、おそらく命令者に結果の責任を取るつもりはない。

　命令した事実は、その人物の危うさを暗示している。
　・責任意識が希薄であるがゆえに、軽い気持ちで命令を出せる。
　・相手の苦痛が見えていないがゆえに、損なう命令を平気で出せる。
　・展開が見えていないがゆえに、破綻を招く命令を平気で出せる。
　責任の重さを知る者は命令を多用しない。無用の責任を嫌がり、業務上必要な命令に留める。

「自分が命令するときは責任を取るつもりで出すから、相手もそうだ」と外挿するのは間違っている。全員が責任意識を持っているというデータは存在しない。むしろ逆で、兵や子が死んでいくことを「勝手に死んだ」と考える、欠落の報告が多数ある。個人差が大きい項目に外挿を使うのは不適切だ。

(7) 理解されたい欲求

　苦しみをわかってもらうことを夢見て、やられ役を続ける者がいる。「ここまで苦しめばわかってくれるはず」と考える。
　行き着くところは、「自殺すれば、私が苦しんでいたことを理解し、それまでの行いを反省してくれるのではないか」だ。

現実的でない前提をしている。一部の者は他者の痛みを感じない。そのような脳を授かって生まれる。眼球がなければ何が起きても見えないように、ミラー能を欠損していれば、人が苦しむ様子を見ても、何の感覚も湧かない。

　自分の苦痛を自分が認める。自分が認め始めると、相手がその能力を持たないことが見えてくる。相手は異なる感覚を持った別の人格だ。

(8) 条件代行型自己肯定

　所属や肩書といった条件に自分の存在肯定を頼っていると[*2]、その条件を提供している集団から離脱できない。所属がどれだけ立派でも、依存の姿勢は立派ではない。

　所属や肩書きに自分の存在肯定を頼るのをやめる。代わりに条件を使わずに自分を保てるという有能感を心の支えにする。「私は条件なんかに肯定を頼らない」と胸を張る。

　自己肯定の自給を試す。「あなたは生きていてよい」「何があろうと私があなたを肯定する」、そう内発に語りかける。違和感に抵抗し、何千回でも繰り返す。肯定は自分が自分に与えるものという認識が定着するには、長い長い時間がかかる。

＊2　条件代行型自己肯定：　自分の存在肯定を条件に肩代わりさせる自己肯定の方法。著者の造語。

3‑4 「逃げる」の決断を支える考え方

決断を支える考え方を手に入れる

　初めて「逃げる」ときの理由は、「害されるのが苦痛だから」だけで十分だ。他に理由など要らない。しかし、経験者は少し違った語りをすることがある。ひととき、脱出経験者の世界をのぞいてみよう。

(1) 平穏な時間を手に入れる

　被害に遭っていたときは、耐えることにすべての気力を使い切っていた。心は苦痛でいっぱいで、他のことを考える余裕はなかった。

　平穏な日々の中で回復する。起き上がり、温かい食事を摂れるようになる。新しい映画を観てみたいと思えるようになる。潤沢な精神リソースがあれば、さまざまな活動に取り組める。離脱に成功した者は、何もないはずの平穏を賛美する。

(2) 脱出後の心理　― 人生が再開する心地

　投資には「損切り」という概念がある。ある投資家は低迷した株を塩漬けにする。別の投資家は損を承知で株を売却する。問題のある株から離脱し、この先、伸びていく事業について考える。

逃げるために利権を放棄したとして、それはただの損ではない。新しい人生を始めるための対価になっている。脱出を果たすと、未来に目が向く。苦境からの離脱を経験した者は、人生が再開する心地を知っている。

(3) 脱出後の心理　－　勝利感

標的が脱出すると、加害者は取り残される。「私が生きていくのに、あなたは必要ありません」と捨てられる。加害者は襲ってはみたものの、勝利を確定できず、逃げられてしまった。あるいは、搾取するつもりでいたのに、搾取できず、逃げられてしまった。「逃げる」の成功は、自分を守るだけでなく、加害者を敗者にする行為にもなっている。

「逃げる」は勝ち／負け、どちらなのか。種明かしをすると、「逃げる」は加害勝負（バーサス）で敗北、自給率競争（ランキング）で勝利になっている。

初回、「逃げる」を検討しているときは、脱出後の心境に想像が及ばない。次回からは、勝利の記憶が決断を後押ししてくれる。

(4) 比較の視軸を得る

比較文化学では、積極的に差分情報を取りにいく。所属を変更すると、前後二つを比較することが可能になる。きっかけは不幸な出来事でも、比較が可能になる利点は変わらない。

(5) 蚊に餌をやらない

　あるとき私は、栽培場を見学する機会に恵まれた。農学者は「蚊が出るので対策してきてほしい」と言う。クマやイノシシならともかく、蚊など恐れるに足りない。私は「蚊ぐらい何ともありません」と答えた。農学者は言った。「蚊に餌をやらないでください」。

　近年の脳科学は脳内で麻薬作用のある物質が作られることを明らかにした。虐待に成功することで以下の感覚[＊3]を得る可能性がある。
　・楽しく愉快な気分、閉塞感が払拭される感じ
　・活力がみなぎる感じ、疲れ知らず
　・自分は強くて優れた人間であるという感覚
　・物事がうまくいく感じ

　麻薬作用によって明るく前向きになり、堂々と振る舞う。結果として仕事で成功し、高い地位を獲得する。しかし、その状態は虐待で得たものにすぎない。虐待できなくなると鬱状態に戻る。

　耐える力が強い人は「大丈夫です」と言う。その場合でも、虐待を成立させることは、蚊に餌をやることになる。虐待を不成立にすると、ドーピングによる増長を防ぐことができる。

＊3　躁状態：　双極性障害の躁期に起きることで知られる精神状態。

(6) 加害者の社会訓練を支援する

　薬物依存症の治療は、患者を薬物のない環境に置くことから始める。将来、自制できるようになる者も、依存が強固に成立しているあいだは自制できない。薬物があっても手に取らない訓練を始める前に、強制的な断薬の期間が必要になる。

　虐待に依存しているときの更生も、加害者を標的がいない環境に置くことから始める。加害者は荒れるかもしれないが、離脱のステップとして避けられない。加害者の目の前をうろうろしないことが、加害者の社会訓練の助けになる。

(7) 殺されるとしても逃げながらだ

　草食動物は、逃げても肉食動物に追いつかれ、殺されることがある。そうだとしても、逃げる努力を惜しまない。逃げずに殺されたとすれば、草食動物に笑われても仕方がない。

　自分にとって悔いのない生き方をする。未来には死しかないとして、どうすれば悔いが少ないかを考える。

　殺されるとしても逃げながらだ。生き方として「逃げる」を選択する以上に、「逃げる」を強く支える考え方はない。

第4章
「逃げる」をマスターする
― 実践編 ―

Become Skilled at Escape Strategy

― Practice ―

4‑1 「逃げる」の実行を考える

逃げ遅れを警戒する

「逃げる」の実行には、タイミングがある。

　突然、ナイフを突き付けられれば、驚いて逃げる。しかし、害意の中で苦しさが続くときは迷う。何かにつけて先送りし、決行しないまま時間が過ぎる。やがて他の選択肢が消え、生き延びる道が「逃げる」だけになる。

　逃げられるのであれば、時期は遅くてもかまわない。しかし、この形で「逃げる」が確定すると、逃げられないことがある。「逃げる」は、「耐える」より、強い意思と複雑な対処を必要とする。耐える力が残っていない状態では、逃げる力もおぼつかない（図2）

　脱出を確実に成功させるには、耐えられるか、耐えられないかではなく、脱出できるかできないか、脱出が難しくなってきたかを考える。

　人は動揺したとき、生じた不安を鎮めようとして、「大したことではない」と考えることがある。問題を否定しているあいだは避難を開始できない。

　事態を軽く見る認知特性は、「正常性バイアス」と呼ばれる。呼称を難しく感じるときは、「逃げ遅れの心理」と覚えるとよいだろう。逃げ遅れの心理があると知っていれば、「大したことではない、まだ大丈夫」と考えたとき、「これが例の心理？」と意識に上らせることができそうだ。

図2　脱出実行までの時間経過と脱出能力（モデル図）

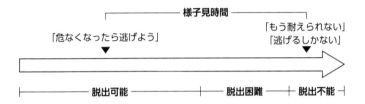

早期に「逃げる」

　攻撃がエスカレートしやすい背景は三つある。

　第一に、最初の加害が、そもそもプロービング（探査）行動だったからだ。軽く侵害し、不都合が起きないことを確かめたのちに、本格的に攻撃を開始する。

　第二に、攻撃と脳内麻薬が関連していそうなことだ。薬物依存では徐々に薬物の量が増えていく。

　第三に、加害の成功によって、加害者の特権意識が強まっていくことだ。標的を別種に設定すると、侵害行為に抑制がかかりにくくなる。

最初の加害は前奏にすぎない。抑止力がなければ、①尊厳・尊重、②利害、③安全・生存の順に侵食が進む。エスカレートしないこともあるが、その保証はない。害意を感知した時点で「逃げる」は選択の候補に挙がる。

　害意は、「自分なら、他者に対してそんな言動をするだろうか」と、自分の行為に置き換えると検出しやすくなる。「自分ならそんなことはしない」と思うなら、相手は自分にはない考えを持っている。

　放棄する利権が小さいときは、動揺が収まるだけで逃げられる。利権が大きいときの脱出が難しい。退職すれば収入と地位を失う。学校に通っている場合は卒業資格が得られなくなる。それでも利権は利権に留まる。「有利に生きる」は「生きる」より順位が低い。

　利権が大きいときの脱出は、被害と利権の天秤（利権天秤）で決めるとよい。

　まず、どんな利権を得ているかをはっきりさせる。次いで、［被害］と［利権］を天秤の左右の皿にのせる。被害の重さが利権を上回ったときが最も早いタイミングだ。

　利権天秤にかけない場合、安全への抵触で判断する形になる。生命が危うくなる時期はかなり遅い。運よく命が助かっても、身体に障害が残る、鬱病で長期療養になるなど、厳しい経過を辿ることがある。

やり方で調節する

「逃げる」は、やり方でも調節できる。

　害意が向けられただけの早い時期は、小さな「逃げる」、または一時的な「逃げる」を使う。命が危うくなる遅い時期は、生活基盤さえ投げ出して大きく逃げる。「逃げる」には、大小、複数の方法がある（表6）

表6　多様な「逃げる」

侵害行為と状況の例	逃げ方
往来で見知らぬ人が中傷、非難、強要をする	立ち去る
店内で店員が嫌がらせする	立ち去る
休息時間に同僚が嫌がらせをする	離席、退室
業務時間に同僚が嫌がらせをする	離席、退室
接客中に客が罵倒や強要を始める	離席、退室
会合中に成員が中傷、強要をする	離席、退室
上司や教師が圧迫を行う	異動、移籍
組織長が人権侵害、触法運営を行う	退職、退学
家族が罵倒、強要、窃盗、暴行などを行う	外出、別居
近隣住民が罵倒、強要、窃盗、暴行などを行う	転居
SNSで知人が侮辱、強要、脅迫などを行う	ブロック
匿名の人がオンラインで誹謗中傷を行う	通信停止
状況を問わず、心身の損耗が進んでいる	休暇

(1) 立ち去る

　往来で加害者のいる場所から立ち去る。緊急時は駆け足で去る。

　話し合いで事を収めようとしたり、勝ちたくて言い返したりしてしまうと、接触時間が長くなる。長時間、留まると、恐喝や傷害に発展するおそれがある。自由行動中の対処は「逃げる」が適する。

(2) 離席、退室

　席を立ち、足を左右交互に動かし、少しでもその場から離れる。別の部屋に移動する。害意を持つ人がいなくなったら場に戻る。加害者がいても、落ち着きを取り戻しているようであれば場に戻る。

　着席していた場合、腰を上げる工程が加わる。「いざとなったら席を立つ」と事前に決めておかないと、「その程度」は結構な障壁になる。

　退避場所を決めておくと、その場所を思い浮かべることで腰を上げやすくなる。5分程度で戻ってこられる回廊でもよい。

　職務中は持ち場を離れることが難しい。それでも離れることが正解になるケースはある。攻撃欲求をもよおした人は自分でも自分をとめられなくなっている。標的がいなくなり、視覚刺激が失われると、加害者を駆り立てていた反応が弱まる。バックヤードに下がった自分も気持ちが落ち着き、通報や応援要請などの対処を思いつくことがある。

(3) 脱退する、離脱する

退職する。退学する。転居する。

所属からの脱退は、放棄する利権が大きい。決断は容易ではない。驚くことに、この脱退も経験を積めばできるようになる。問題はその経験の確保が難しいことだ。

(4) SNSでの強要、脅迫、誹謗中傷

交友関係で問題が起きた場合、友人登録解除、ミュート、受信拒否、アクセスブロックなどの手段がある。匿名で行われる誹謗中傷の対策は現在も模索が続く。

4-2 イメージトレーニング

「立ち去る」を中心に、五つのシーンを例示する。

（本節の演習はセンシティブな内容を含んでいる可能性がある）

演習1　バスを待つ列で

あなたは並んでバスを待っている。突然、前の客が自分を指差し、大声を出してきた。

「こいつ、こっち見てる！　ほら、見てるよ！　うああ、見てるよ！」

［選択肢］

　A．驚いて、声の主を見つめる。

　B．「一体、なんですか」と声に出して言う。

　C．目を合わせずに列を外れる。最後尾につくか、バスの到着時刻まで停留場を離れる。

［解説］

　対人弱者の姿形は地味とは限らない。見て、目を離せなくなってしまったのは、対人弱者ではなく大声を出した人のほうだ。

　立ち止まっているときだけでなく、歩いているときも、「この人、私をつけています！　やっぱりそうだ、ね、こっち見たでしょ！」などと、通行人が大声を出し始めることがある。

　歩行中、信号待ち、乗車待ち、会計待ち、あらゆる機会に予期せぬ言いがかりが降ってくる。一般人には想像がつきにくいが、往来で突然、大声を浴びせられる被害は、姿形に障害のある者にはわりとある。

　姿形を目視したことで、①自分の体の感覚に転像し、②苦痛や恐怖の反応が起き、③その恐怖を「害意を向けられたため」と解釈し、④救援を求めなくては身を守れないと感じて、大声を出すのかもしれない。場に留まって他意がないことをわかってもらおうとすれば、ホラー映画さながらの悲鳴を出されることになりかねない。

　推奨する選択肢はC。列から外れる。バスで座る利権を放棄する。

　ポイントは自分から動くことだ。反応した当人は自分でも自分を制御できない状態に陥っている。自主的な攻撃の停止は期待できない。自分の足で距離を取り、安全を確保する。

演習2　車両内での言いがかり

　あなたは電車に乗っている。近くにいる客が話しかけてきた。
「ちょっと、あんたさあ……」

［選択肢］
　Ａ．驚いて相手の顔を見つめる。
　Ｂ．「えっ、なんですか」とうろたえる。
　Ｃ．相手の顔を確認せずに、隣の車両に移る。
　Ｄ．相手の顔を確認せずに移動し、次の駅で降車する。

［解説］
　選択肢Ｃ、車両の変更を試みる。荷物が当たっていた場合、離れれば当たらなくなる。座席に座りたかった場合、立ち去れば席が手に入る。どんな用件でも解決方法は距離なので、先取りに不都合はない。追ってきたときは降車する。予定時刻に到着する利権を放棄する。

　一般人は、「話しかけられただけで逃げるとは大げさな。判断は用件を聞いてからだ」と考える。しかし、初対面の相手にこのような失礼な口調で話しかけるだろうか。自分がこのような発言をすることを思い浮かべたら、悪意があるとわかる。対人弱者が言いがかりをつけられるのは稀{まれ}なことではない。知らない人から唐突に悪意ある口調で話しかけられたら、恒例、害意のもよおしだ。

94

　次の加害アクションは、逃げないことを確認して開始される。衆人が見ているので暴行にはなりにくい。頻度が高いのは言葉の攻撃だ。「ハァーッ、これだから X 属性は」「何で X 属性のくせに堂々と電車に乗っているの？」「X 属性は我々に感謝すべきだと思うんだよね」など、属性攻撃[*1]のサンドバッグのように扱われることもある。脱出が早いほど、被害は少なくて済む。

　つい相手を見たくなってしまうが、言いがかりをつけられるのに慣れている人ほど「見ないようにする」と言う。見なければ対峙を解除する手間がない。音声の情報だけで判断を完了し、移動を開始する。

「すみません」と話しかけられたのであれば、対応しても大丈夫だろう。続く言葉は、「この電車は K 駅に停まりますか」だろうか。弱そうな容姿を持つ者は、道を尋ねられる頻度も高い。

　視覚に頼らない判断は難しい。相手を見ないことのみを先決とし、数秒間、状況を吟味するのもよいかもしれない。

*1　属性攻撃： 該当する属性を持つことを主理由として行われる暴力、差別、および脅迫性、弾圧性の言論。著者の造語。

演習3　店員による嫌がらせ

　商品を持って会計に進む。レジの店員が難癖をつけ始めた。

「ちょっと！　荷物がレジ前の菓子に当たったわよ。あのねぇ、当たったって言ってんだから、謝んなさいよ。ああ、遅い。カード出して！　早く！　早く！！　嫌だねー、あんたみたいな客がいるから、他の客が来なくなるんだ。何だよ、文句あんの？　言っとくけど悪いのはあんただからね」

［選択肢］
　　A．延々と謝る。
　　B．言い返す。
　　C．商品を置いて店から出ていく。
　　D．店長へ苦情を入れる。

［解説］
　対人弱者は人の害に懲りていて、あまり接客業に就こうとしない。接客業でない場合、店で攻撃される場面は、客として商品を購入するときになる。

　店長や売り場主任は、売上げ意識があるので攻撃してこない。攻撃欲求をもよおしても、「客だ」と攻撃を抑制する。

攻撃する可能性があるのは固定給の社員、あるいはアルバイトの店員だ。何をしても給与は変わらない。店を維持するインセンティブが低い。「最初はアウェイ感があったが、今はこの店を自分のなわばりと感じる。この支配圏を固めよう」。アルバイトが自分の店を持ち、経営の視点を持つのは遠い未来のことだ。

推奨する対処は、B→C→D。ひとこと言い返す。人をなじれば、言い返されることもある。言い終えたら立ち去る。店員を店に置き去りにする。客に感謝されることと比べて、難癖は何と質が悪い快楽であることか。苦情を入れてもかまわない。加害者は自分の行為にフィードバックがあることを想定していなかった。想定していなくても現実には店長に釘を刺される。

カスタマーハラスメントが起きやすいことから推察されるように、ほとんどのケースにおいて客が強い。攻撃の開始は店員に非があるかもしれないが、限度を超えた反撃は過剰防衛になる。次回、嫌がらせをせず、事務的に会計操作を進めてくれればそれでよしとする。

なお、客に難癖をつけた事実を確認して、アルバイトを解雇しなかった店長を知らない。著者が知り得たすべてのケースで、即日、解雇している。大手チェーン店に潜り込み、自分王国を始めても、その栄華は3日と持たない。対人弱者ですら同情したくなるほど、アルバイトの立場は弱い。

演習4　同僚の攻撃が止まらなくなった

　本件の標的は法務部所属で、外部監査を前に現場指導に取り組んでいる。前回の会議で1歳年上の社員の攻撃が止まらなくなった。

「お前は年下なんだ、わかってるのか、お前は年下なんだよ」
　同じ論調の主張が30分続いた。会議の参加者は一人、二人と、トイレに行っては戻ってくる。ついに座長もトイレに立った。うんざりしているようにも見えるが、誰一人とめようとはしない。

　再び、会議が招集された。前回、議題が進まなかったので、再招集になった。
　質問者「審査記録をファイルしておく必要がありますか」
　法務担当者「お願いします。ファイルに日付を入れてください」
　1歳年上の社員はそこで大声を出した。
「あのね！　お前は年下なんだよ！」

［選択肢］
　A．黙って耐える。
　B．言い返す。
　C．パソコンを閉じ、席を立ち、ドアを開け、会議室から出ていく。

［解説］

　この企業の本社採用は上場企業の中でも難関とのことだ。対人弱者も国家資格を得て要職に就くことはある。

　加害者は地元で正社員になれたことに満足している。しかし、ローカル採用では出世競争に加われない。そこに本社から貧相な者がやってきて、法務の指導を始めた。

　Ａ.「耐える」を選んだ場合、参加者たちは思う。「言い返せ。黙っているから、止まらないんだ。我々は時間を浪費させられた被害者だ」

　Ｂ.「言い返し」を選んだ場合、参加者たちは思う。「あーあ、けんか始めちゃって。会議をなんだと思っているんだ。こういう奴らが会社をダメにするんだ。自滅してくれないかな」

　推奨する対処はＣ。席を立ち、会議室から出ていく。

　前回の様子から、マウンティングは長時間に及ぶことが判明している。再演に生産性はない。

　立ち去るという行動は、非攻撃でありながら、明瞭な意思表明になっている。質問があった者は個別に問い合わせてくるので心配ない。情報は web やメールでも提供できる。

　国家公務員のキャリアとノンキャリアも、軋轢を生じやすいことが知られている。

演習5　SNSにおける匿名の誹謗中傷

　SNSにあなたが万引をしたという匿名の記事が載っている。

「万死に値する」「死ぬの？」「猫を虐待しているところを見た」「部屋に趣味の悪いカーテンをかけている」「鼻毛が伸びている」。
　悪口は延々と続き、「いいね」が押されている。

［選択肢］
　A．万引も猫の虐待もしていないので、コメント欄で反論する。
　B．名誉毀損罪または侮辱罪で訴える。
　C．法務省の相談窓口に連絡し、削除要請に向けて動く。
　D．しばらく通信活動を休む。

［解説］
　法務省は、令和2年（2020年）のインターネット上の人権侵害事件を1,693件と報告した。同年5月には、誹謗中傷に遭った女子プロレスラーが自殺する事件が発生した。

　刑法に「精神的に苦しめて自殺に追い込んだという罪」という項目は存在しない。名誉毀損罪と侮辱罪の量刑は結果を考慮しない。標的が亡くなっても、中傷者は結果の責任を問われない。

　記事の拡散は続いている。投稿者を罰しても平穏は回復しない。仮に、すべての記事を削除できたとしても、閲覧した者の記憶は残る。

　芸能人や経営者などの著名人は削除要請を業務に組み込んでいることがある。彼らは名声を使ってビジネスをしているので、ありえる選択だ。しかし、一般人にその体勢は難しい。

　本ケースに正解はない。
　状況は日々変化している。SNS の問題に対処できるよう、法を改正する動きがある。運営者はシステムでできることを探っている。インフルエンサーたちは誹謗中傷から心を守る方法を考えている。一般ユーザーは中傷にどんな姿勢をとるか、選び始めている。

　通信活動は休止することもできる。
　SNS の誹謗中傷のダメージはネット依存者で大きい。依存症でないのなら、通信と距離をとることができるはずだ。

　通信を切り、書籍を手に取って読み始めると、脳内に広がる世界は、文豪、旅人、古代の哲学者が住む場所に変わる。

4-3 事件簿に学ぶ

死亡事件の報道情報を通して

　現実の対処は想像以上に難しい。中でも所属からの脱退が難しい。死亡事件は所属から脱退することがどのように難しいかを伝える。

　どんな組織でも安全は担保されない。上場企業や公的機関でも死亡事件は起きている。就職する時点では安全な職場と信じていたはずだ。自分が死ぬと知っていて就職する者はいない。パワーハラスメントによる自殺者の多くは、その組織で初めての自殺者だ。

　殺人事件は一度も殺人事件が起きたことのない場所で起きる。殺されるとしたら、自分がその場所で殺される最初の犠牲者になる。

　被害者たちは誰一人、自分が死亡するとは予想していなかっただろう。そのような認識であるという点で、被害者と読者に大きな違いはない。

　以下に自殺3例、他殺2例を取り上げる。
　収録した事件は、すべて死亡事件であり、今となっては被害者を救うことはできない。残された者は、最悪、死に至るという過酷な事実を胸に刻む。

事件簿1　電通社員過労自殺事件　－ 睡眠の剥奪

　2015年12月25日、株式会社電通の新入社員Aさん（24歳、女性）が社員寮で自殺した。1カ月間の時間外労働は推定105時間、過労死ラインといわれる80時間を超えていた。三田労働基準監督署は本件を長時間労働による鬱病の発症と判断し、労働災害を認定した。

産経新聞　2016年10月21日

この事件のポイント：　睡眠を必要とする脳

　優れた頭脳には万難を克服する力がある。パワーハラスメントの対処に詳しくなることができる。知識を活用しながら、転職することもできる。しかし、被害者は知力を発揮することなく亡くなった。どれだけ優れた知能を授かっても、鬱病を発症し、苦痛に耐えることにすべてのリソースを奪われている状態では本領を発揮できない。

　脳がその機能を発揮するには、睡眠というメンテナンスを必要とする。本採用の10月1日から自殺の12月25日まで3カ月足らず。この数字を覚えておいてほしい。失業手当の受給権は勤続1年で発生するが、睡眠過少で発症する急性の鬱病は症状が激しく、自殺まで1年どころか3カ月の猶予すらない[*2]。睡眠の剥奪は拷問にも使われる。耐えがたい苦痛を味わわせるのに1年もかかっていたのでは拷問にならない。

株式会社電通は、労働基準法違反で起訴され、罰金刑が確定した。同社が長時間労働を改めたとの報道を聞いて、「パワーハラスメントを防止する体制を構築しなければ意味がない」と述べる者もいる。もちろん、検討してもらいたい。しかし、長時間労働がなければ、おそらく被害者は退職を選択できていた。

　退職の計画を立て、鬱病の治療を受けながら、満１年で退職する。失業手当をもらいながら復調を果たし、有望な企業に再就職し、見事なキャリアを築く。優れた頭脳は、健全な職場で本来の力を発揮する。優秀な人材に逃げられた会社はご愁傷様だ。

　職位に乗じた加害者は、二つの方法で睡眠を剥奪する。
　① 残業を命じる、または残業せざるをえない業務を課す
　　（回復する時間を与えない）
　② 攻撃性の言動で標的を緊張状態に陥れる
　　（入眠、熟睡を困難にする）

　長時間労働を規制することで、手段の一つを封じることができる。

＊２　『令和２年版 過労死等防止対策白書』（厚生労働省）によれば、精神疾患で労災認定された過労自殺167件のうち、発症から死亡までの日数は、29日以下が51.5％。

事件簿2　薬局職員パワハラ自殺事件　－ 見えない鎖

2016年1月4日、大阪府吹田市の薬局に勤務する正社員Bさん（30歳、女性）が自殺した。2014年10月より勤務を開始し、入社2カ月後には、「うちの薬局、ブラックやで。次々に人が辞めていく」と述べていた。「仕事のことを考えると緊張し、寝付けない」「息をするのもしんどい。上司が怖い」と家族に漏らすようになり、2015年8月、鬱病と診断された。会社と休職について協議する予定の翌年1月4日、出勤前に命を絶った。

毎日新聞　2019年4月20日

この事件のポイント：　心因の克服

　長時間労働の要件を満たさないと労災は認定されにくい[*3]。

　遺族は長時間叱責などのパワーハラスメントがあったと主張したが、茨木労働基準監督署は「攻撃的な上司の言動に憔悴していた」と言及するに留め、労災を認定しなかった。精神的に苦しめる攻撃方法では、人が亡くなるという最悪の事態でも法はなかなか動かない。

　労働時間が基準内に抑えられていれば、「この職場ではやっていけない」と判断する力も、退職手続きを調べる気力も残る。単性のパワーハラスメントは離職率に表れる。

この会社では従業員が次々と退職している。社員旅行の幹事を命じられた3名中2名が急ぎ退職した。残る1名、被害者は会社に留まった。同僚たちが辞めていくのを見ながら、被害者は1年3カ月、留まった。逃げた同僚たちは生き延びた。勤務を強行した被害者は亡くなった。

　被害者にも「問題のある職場」という認識はあった。退職という選択肢も知っていた。それでも逃げることができなかった。どんな心因が被害者の「逃げる」を妨げたのだろう。

　見えない鎖は誰にでもある。自分の中にも。

＊3　平成23年に心理的負荷による精神障害の認定基準（厚生労働省）が策定されたが、数値基準で判定される時間外労働と、質や強度の評価を伴う「特別な出来事」では、認定の難度は異なる。

事件簿3　財務局職員自殺事件　－　犯罪行為の強要

> 2018年3月7日、近畿財務局職員Cさん（54歳、男性）が自殺した。残された手記には、公文書の改竄を命じられた半年間、連日の深夜残業や休日出勤を余儀なくされ、ストレスが蓄積し、休職に至ったことがつづられていた。手記には「すべて、S局長の指示です」との言葉が残されていた。
>
> 　　　　　　　　　　　　　　　朝日新聞デジタル　2020年3月18日

この事件のポイント：　犯罪に加担する苦痛

　書類の改竄を命じられ、実行役として手を汚した時点では、命の危険があるようには見えない。執務室はセキュリティに守られた場所だ。危険などあろうはずもない。それでも加担した時点で、詰将棋のごとく詰むことが確定している。

　改竄を嫌がっても強要はやまない。拒否を続ければ、報復人事が待っている。公益通報を利用すれば、上司は訓告のみで地位を維持し、自分は組織ぐるみのいじめに遭う。気持ちを押し殺し、触法の命令に従えば、気がおかしくなる。気がおかしくならなくても、ほどなく悪事は発覚し、社会から犯罪者として叩かれる。発覚時、上司が罪を実行役にかぶせる可能性があるが、その仕打ちに正気を保てるか。どこをどうやっても活路が見つからない。

人が犯罪に手を染めようとしない理由の一つに、汚れた自己像に耐えられないからというものがある。手記からは、拒否したにもかかわらず、犯罪に加担させられたことへの強い憤りが感じられる。不正を嫌う性格は公務に適している。その適性が命を失う結果になった。

　どうすれば生き延びることができたのか。
　触法行為を命じられたら、「帰ります」と告げて帰宅する。その日のうちに退職準備を始める。指示を撤回させることを断念し、自身の延命に注力する。分岐点は異様に早い時期にある。猶予がありそうに見えるが、触法ケースに限れば、以降は手数の多い詰将棋にすぎない。

　速攻で辞めることができていれば、今頃、家族と夕飯を囲んでいただろう。食卓から、かつての上司が停職処分になったというニュースを冷めた目で眺める。

　気持ちが落ち着いてから民間企業に就職する。新しい職場で物作りの誇り、あるいは顧客満足の価値観を手に入れたかもしれない。

　組織が行う触法行為には、横領、粉飾、贈収賄、談合、品質データ改竄、虚偽表示、名簿転売、マルウェアの仕込み、投資詐欺、ネズミ講などがある。組織が行う犯罪を予期できる者はいない。直面したら、自分が実行犯になることに耐えられるか、心に尋ねる。

事件簿4　渋谷ホームレス女性殺害事件　－ 寒さの中で

2020年11月16日夜、東京都渋谷区で路上生活をしていたＤさん（64歳、女性）が石を入れた袋で頭部を殴られ、死亡した。殺されたときの所持金は8円。Ｄさんは、終バス発車後のバス停のベンチで休み、朝になると働きに出ていたという。逮捕された容疑者（46歳、男性）は、「痛い思いをさせればいなくなると思った」と供述した。

ＮＨＫ　2021年4月30日

この事件のポイント：　低体温による行動困難

　被害者は住むところを失って、ベンチで仮眠をとる生活をしていた。ベンチは横になれない構造で、仮眠は座位でとるしかなかった。11月の夜は冷え込む。被害者はひときわ小さく座っていただろう。近隣の住人は、被害者は座っていただけで何もしていないと証言している。被害者が殺された理由は、容疑者に座っている姿を見られた、それだけだ。

　容疑者にベンチから去れと強要されたとき、立ち去っていれば殺害を免れた可能性は高い。移動する義理はない。しかし、深夜に見知らぬ男が近づいてきて、要求を始めるのは危険な兆候だ。まともな状態であれば、移動を選択しただろう。しかし、被害者は去らなかった。おそらく立つことができなかった。寒さの中で座っていると、体が冷えきって動かしにくくなる。仮眠中はさらに判断や行動が緩慢になる。

身体が動かない以前に、逃げる意思を持てなかったのかもしれない。凍えているときに丸めた体を開く意思は持てない。寒さに耐えるのに精いっぱいで動きたいと思えない。

　おそらくぼんやりと、野宿は安全ではないと感じていたと想像する。しかし、危険というほど強い感覚にはなりにくい。監禁されたときに「これは危険だ」と強く意識されるのとは対照的だ。危険はいきなり露呈する。

　住まいを失うことは安全確保が困難になったことを意味する。ホームレスの支援には、住まいを確保してから生活を立て直す「ハウジングファースト」の理念がある。該当地域では複数の支援団体が活動していた。冬が来る前に支援を求めてほしかった。

事件簿5 　川崎市中1男子生徒殺害事件 － 死に至る暴力

> 2015年2月20日、神奈川県川崎市の多摩川河川敷で、中学1年生のEさん（13歳、男性）が殺害された。被害者の死因は、カッターナイフで繰り返し切り付けられたことによる出血性ショックであった。容疑者として、同じ中学出身で遊び仲間の少年（18歳）が逮捕された。
> 被害者は、1月14日にも10分以上、段られ続ける被害を受けており、頬は腫れ上がり、目の周りに大きなあざができていた。
>
> 　　　　　　　　　　　　　朝日新聞デジタル　2015年2月27日
> 　　　　　　　　　　　　　読売新聞　2015年2月28日

この事件のポイント：　暴力の開始

　1月14日の時点ですでに暴行事件である。しかし、被害者は警察に被害を届け出なかった。13歳は自分を守る行動がとれる、ぎりぎりの年齢だ。警察に行けなくても無理はない。被害者の友人たちは容疑者の家に押しかけ、暴行の件に謝罪を求めたという。しかし、友人たちも中学生であって、誰も警察に通報しなかった。

　未成年を助けるには、どうしても成人の力が必要になる。被害者の母親は、朝早くから夜遅くまで働き、5人の子を育てるシングルマザーで、被害者に気を配る余裕がなかった。問題を認識していないがゆえに、警察に通報することができなかった。この事件の背景にはシングルマザーの貧困問題がある。

暴力が始まれば、いつ死亡してもおかしくない。加害者の心理として
は、暴力を振るったあと、被害者が警察に駆け込まなかったら、「次も
いける」と考える。次も、その次も、そのまた次もいけると考える。ど
の時点で死に至るかはわからない。仮に２月20日に死亡していなくて
も、警察の介入がなければ、どこかの時点で命を失っていたように見え
る。複数の殺人事件が、殺害日より前の段階で、暴力が始まっていたこ
とを伝えている。

　呼び出しに応じず、警察署に逃げ込んでも、短時間の保護しかしても
らえないかもしれない。それでも逃げ込まなかったときよりは状況はよ
い。少年課の担当官は、接触の機会を活用し、最悪の事態を防ぐことを
考える。

　類例に、2015年に起きた河内長野19歳暴行死事件がある。

　被害者は、高校時代から４年近く、50回以上暴行されていた。被害
者は転校で疎遠を図ったが、双方の自宅が近く、加害者の接近を独力で
阻止することはできなかった。　　　　　　（産経新聞　2016年１月１日）

4‑4 実習

逃げるトレーニング

「逃げる」を試すことには、複数の効果がある。

① 「初めて」でなくなる

　　初回は抵抗感が強い。初回でなければ何とかなる。

② 想起しやすくなる

　　動揺の中でも、試したことのある方法は、何とか思いつく。

③ 避難先をイメージできるようになる

　　行ったことがある場所は、避難場所として思い浮かべやすい。

④ 怯像の払拭

　　現実離れした悪い展開のイメージを、経験を使って払拭する。

⑤ 見積もりの作成

　　その状況に身を置いて、初めて生じる心の反応がある。

　　試してみると、さまざまな心の情報が手に入る。

　　見積もりができていると、判断が速くなる。

　以下に五つの実習課題を示す。これらの課題はイメージするだけでは足りない。実際に試すことで、実行できるという自信が手に入る。

実習１　列を外れる

　並んでいる列を抜ける。最後尾につく。飲み物を買いに行ってもよい。一度、列を外れることに成功した者は、必要が生じたとき、列を外れることができる。

　列を外れると先行権を失う。試す前は「自分に非がないときの損など許容できない、損をするのは嫌だ」という思いを強く感じる。列を外れ終えたあとに「固執するほどの利ではなかった」と考えが変わる、その様子を観察する。得られる心理は、「塞翁が馬」「金持ちけんかせずとはこのことか」など、さまざまだ。

実習２　降車する

　電車で目的地に向かう途中、一度も降りたことがない駅で降りる。一度、途中下車に成功した者は、必要が生じたとき、任意の駅で下車することができる。

　次の便はしばらく来ない。到着は遅れる。「この程度のタイムロスは大した問題ではない」と感じたのであれば、その感覚は有事の決断を助けてくれる。「このタイムロスは痛い」と感じることもある。その場合、判断がシンプルになる。被害と利権を天秤にかけ、行動を選択できるようになる。

実習3　休暇を取得する

　何もないときに休暇を取得する。休暇の申請から、休暇明けの出社報告まで、一連の経験を済ませる。一度、休暇を取得できた者は、必要が生じたとき、加害者から離れて攻撃の畳みかけを防ぐとともに、休養をとって回復することができる。

　休暇を取りたいと言い出せないだろうか。その「勇気が出ない感じ」を既知にする。
　もったいなくて休暇の権利を使えないだろうか。その「もったいない感じ」を既知にする。
　どのような困難な感じが決断を妨害しているのか、それが判明すれば、やることは決まりだ。その困難な感じに打ち克つことができれば、実行が可能になる。

　休暇を取らないことに自己肯定を依存していると、必要になったときに休暇を決断できない。働くことは立派だが、休まないという条件に自己肯定を代行させることは立派ではない。依存という脆弱性は、平時のうちに意識に上らせ、克服する。

　休暇の申請は棄却されるかもしれない。休暇明けに非難の嵐があるかもしれない。職場がブラックであることは、ダメージを受けているときではなく、健康な平時に発覚してくれたほうが助かる。

実習4　転職サイトで仕事を検索する

　転職は練習できない。転職サイトを閲覧することならできそうだ。転職サイトに接続して、どんな求人があるか見てみよう。

　多様な職が社会を支えている。それぞれ苦労があり、それぞれやりがいがある。今の仕事がすべてではない。

　転職はよくあることだ。転職理由は、パワーハラスメントからの脱出のほか、転居、チャレンジ、収入アップ、ワークライフバランスなど、いろいろだ。求人が行われている状況をその目で確かめ、転職を「ありえない」と決めつける感覚を緩和しておこう。

　会社の知名度に自己肯定を依存していないだろうか。組織がどれだけ立派でも、所属の知名度に自己肯定を依存する姿勢は立派ではない。

　職場を変更しないことを価値と考えていないだろうか。価値は業務で培った熟知や熟練に置き換える。知識や技能は個人に宿るので、転職しても失われない。

　余裕がある者は、ハローワーク（公共職業安定所）を訪ねてもよい。将来、雇用保険の受給手続きをするために、訪れる場所だ。一部の求人は端末を使わなくても閲覧できる。ハローワークには、老若男女、さまざまな利用者がいる。もちろん、皆、生きている。

実習5　ひとり旅をする

　ひとり旅をする。

　行ったことのない場所を選び、旅行計画を立てる。一人で行動する。ひとり旅ができる者は、万一の際、身を守る行動を一人で立案、実行できる。

　出張と私的な旅は違う。出張では「ここへ行け」と指示され、その命令に従う。「逃げる」の本番では誰も指示を出さない。本書の実習では、命令に頼らない練習として、私的な旅を設定している。

　行き先は行ったことのない場所を選ぶ。連れていってもらったことがある場所は、記憶の中の引率者に頼ってしまう。

　話が飛躍するが、自殺しか考えられなくなったら、どうにかこうにか、決行を先送りにして、旅に出てほしい。ひとり旅ができたのであれば、その選択は可能なはずだ。

「マッチ売りの少女」という童話がある。雪の街に出ていけと命じられた時点で、助かる見込みは薄かった。少女はマッチを擦り、おいしそうな料理や優しかった祖母の幻を見る。あとわずかで死んでしまうからといって、誰がこの最期の時間を無価値と言えるだろうか。残りわずかしか命がないのなら、最期は害意のない場所で過ごしたいと思わないか。

物語と異なり、現実には、厳寒期でもないかぎり、一晩では死なない。健康状態にもよるが、食物を摂取しなくても約40日、餓死しないという報告がある。後半は衰弱が進み、起き上がることも難しいとして、ざっくり２週間は手に入る。残金を握り締め、害意のない時間を過ごす。わずかな日数にすぎなくても、この旅を経験することなく死んではならない。

　死ぬつもりで出てきたので気は進まないかもしれないが、希望すれば、旅の期間を延長することもできる。「清掃の仕事をしますので、食べ物をいただけませんか」と申し出ると、賄い飯やパンが手に入ることがある。

　害意から解き放たれた２週間を過ごす。遠く離れた土地で安全を堪能する。２週間の平穏によって混乱が解ける。おかしいのは環境のほうだったと確信できる。戻る必然性がないことがはっきりする。

　すべてを捨て、死ぬつもりで旅に出ても、頭脳と動かせる体は持っている。すべてを捨てきってなお命はあり、再起の可能性は残る。何はなくとも空を眺めることはできる。

　悪夢は終わりだ。人生が始まる。

第5章
防ぐ

Prevent

5-1 攻撃の発生を防ぐ

攻撃の発生を防ぐ余地

　一部の攻撃には発生を防ぐ余地がある（表7）

表7　対人弱者を標的とする加害の態様の例

加害態様
(1) つつきのもよおし（反応性） 　姿形や属性の情報でもよおし、反応的に攻撃性の言動をとる
(2) 止まらないオルゴール^注（脱抑制） 　攻撃欲求に主導権を握られ、自分でも非難をとめられなくなる
(3) なわばり（強迫性） 　自分の支配圏と認識した場で、上下の確立や排除に執心する
(4) 嗜虐（愉悦依存、減苦依存） 　相手を苦しめることで得られる愉悦や閉塞感の解消に依存する
(5) 七色の食い物（願像追求） 　相手の苦痛や損害を考慮せず、都合のよい関係を築こうとする

注　止まらないオルゴール：　同じ主張の繰り返しが長時間続くことを特徴とする攻撃の態様。著者の比喩。

発生を防ぐ	反復、エスカレートを防ぐ
・姿を見せない ・第三者の目を入れる ・酒場に入らない	・立ち去る ・カメラの配備を警告する ・該当施設を再訪しない
―	・場を離れる ・管理者が止めに入る
―	・転属、退職、退学、転出 ・管理者が所属を離す
―	・呼び出しに応じない ・退職、退学、転出
・無償で与えない ・要求をのまない	・支援の停止 ・疎遠にする、関係を切る

5-2 つつきのもよおし

「つつきのもよおし」

　動物学者トルライフ・シェルデラップ＝エッベは、鶏舎でニワトリの行動を観察し、「つつきの順位（pecking order）」があることを報告した。

　エッベは順位を見つけたと報告したが、ニワトリが集団における順位を認識できるという証拠はない。動物行動学の視点で表現を改めれば、「ニワトリは、つつきたくなる個体が至近にいるとき、つつく習性を持っている」という報告になる。

　弱そうな個体が至近にいるときに攻撃する行動（習性）は、ヒトでも観察される。優位確認と説明されることもあるが、当人が「優位を確認しよう」と思い立ってとる行動ではない。

　ヒトの脳は、ニワトリとは比べ物にならないぐらい充実している。おいしそうだと感じても隣席の皿には手をつけない。空腹に駆られても箸やフォークを使用し、マナーに則って食べる。ヒトには、内発に駆り立てられても、そのまま行動しない力がある。弱そうな者が視界に入って、つつきの欲求をもよおしても、それを意識できたときは、ヒトらしく制御に成功する。

　しかし、油断したときはこの限りではない。弱い相手が現れたとき、反応に近い状態で侮辱をすることがある。自分が何をしているかの自覚は薄い。「評価に足る振る舞いをしなくては」「この行動をとったら展開はどうなるか」など、高次の思考はオフになっている。充実した脳を持つヒトといえど、意識に上らせることができなければ制御はできない。

　ここで心理学実験を仮想しよう。主催者は宣言する。
「これから攻撃抑制のゲームを始めます。参加者の皆さんは心理ゲームをプレイして、得点を競っていただきます」

　参加者はルールに沿ってプレイし、高い得点を獲得する。やがて休憩時間に入る。コーヒーが配られ、参加者たちはリラックスしたひとときを過ごす。参加者の一部は気がついたが時遅し、コーヒーを配ってくれた貧相な接遇者を笑い者にして楽しんだあとだった。

　参加者たちは心理学者に促され、自分が接遇者に何を言ったか思い出そうとする。しかし、思い出せない。ある参加者は、「出身地と年齢を聞いた。私は何もしていない」と答えた。レコーダーには、この参加者が接遇者を侮辱し、皆で嘲笑する光景が映っている。意識が低い状態でしたことについては、記憶もまともに働かない。

つつきのもよおしの実態
「つつきのもよおし」は、姿形や属性の情報を得て、攻撃欲求をもよおし、意識の統合性が低い状態で攻撃を開始する態様だ（表 8）

表8　つつきのもよおしの態様の例

場面	態様の例
移動中	・すれ違いざまに殴る、体当たりする ・すれ違いざまに飲料を浴びせる、唾を吐きかける ・すれ違いざまに痴漢行為をする ・すれ違いざまに差別語を浴びせる
滞在中	・座席や手荷物に蹴りを入れる ・突き飛ばす、手荷物をぶつける ・聞こえるように悪口を言う、差別語を浴びせる ・痴漢行為をする ・列の順番を抜かす ・難癖をつける、落ち度を言い立てる、笑い者にする ・会話に割り込み、侮辱、否定、非難、断罪を始める ・自分の友人と会話する声が大きくなる 　（サブリミナルの興奮）
購買時	・客が店員に難癖をつける（お客様は神様） ・店員が客に難癖をつける（なわばり意識） ・他の利用客からの加害（滞在中に同じ）

　つつきのもよおしの加害者は、ナイフを持ち歩く危険人物ではない。襲撃の機会をうかがっている通り魔でもない。普通に暮らす市民だ。

　対人弱者は日常的に被害に遭う。1年間、被害に遭わずに済むことは稀だろう。本書は被害実態を対人弱者の要件としている。

　サブリミナルの興奮は特異な態様だ。

　対人弱者が視界に入ったことで興奮が始まるが、自分が駆り立てられていることを認識できない。友人と会話する声が大きくなる。会話の内容はせいぜい自慢話であって、場に相応しくないとしても異常とまではいえない。しかし、声の大きさが場に合わない。「静かにしてください」と苦情を入れると、正体不明のノイズに会話を邪魔されまいと声を張り上げる。隣席者が難を感じるほどの傍若無人は、視界にいるのが上長や大男のときはまずやらない。

つつきのもよおしを防ぐ

　往来におけるつつきの発生を防ぐのに有効な方法は、ずばり、往来に出ないことだ。しかし、姿を見せずに生活を成り立たせることはできない。最初から往来に出ない方法は、心身が弱っていて、言いがかりや突き飛ばしに耐えられそうにないときに限られる。

　速やかに視界から消える方法は日常的に使える。自転車を使えば、速やかに歩行者の視界から消えることができる。徒歩であっても、足早に移動すれば、攻撃する暇を与えずに済む。

　もよおしは視覚情報に依存する。車の移動では、車体に覆われて姿形が見えない。夜間は被害に遭いにくい傾向があるかもしれない。

　リスクの高さは滞在する施設によって異なる。

リスクが低いのは、利用者が抑制意識を保つ施設だろう。

　美術館を訪れた者は動きが大きくならないように行動する。展示物を傷つけては取り返しがつかない。

　図書館を訪れた者は私語を慎む。読書環境を守るため、静かに利用することになっている。

　リスクが高い場所の筆頭は酒場だろう。アルコールの作用で抑制がかかりにくくなる。

　遊技場もリスクがある。客はストレスを発散する目的で来場している。発散の手段はパンチングゲームや格闘ゲームに限定されない。賭けに負けて憂さを晴らそうとする者もいる。

　多くの施設が防犯カメラを設置している。大ぶりのカメラが監視している範囲は比較的安全かもしれない。警備員を配置する店舗もある。

　経験を重ねるうちに、嫌がらせをされたり、言いがかりをつけられたりする場所の情報が集まる。情報を活用し、被害頻度を下げる。

　日常的に警戒が必要になる事情は、一般人に話したところで理解されない。唐突に攻撃されるという状況が一般人の経験から導かれることはないからだ。鶏舎の最弱のニワトリだけは、「わかります。視界に入るだけでつつかれてつらいですよね」と言ってくれそうな気がする。

5‐3 七色の食い物

「七色の食い物」

　一方的な関係を築こうとすれば断られる。拒否される経験を通して、人は相手の意向を尊重することを覚える。振る舞いは少しずつ整っていくとして、「一方的に都合のよい関係を築く」という欲望そのものは消失しない。人は変わらず、都合のよい存在を夢に見る。これだと思う都合のよさはさまざまだ。百人いれば百通り、都合のよい願像は人によって違うのに、対人弱者は数多くの願望をその身に集めてしまう。

　対人弱者を前にして、加害者は思う。
「長らく我慢したかいがあった。夢に見た食い物が現れた」
　標的が搾取や侵害を了承した覚えはない。しかし、加害者は歓喜に浮かれ、拒否も非難も耳に入らない。

　加害者は、「私は犠牲になっている」と主張しながら標的を追い回すことがある。加害者の認識にかかわらず、標的に執着するという事実が、標的に旨みを見出していることを示している。

　都合のよい存在という認識の成立には、防ぐ余地がある。食い物だと確信する過程で標的の行動情報が使われるからだ。

表9　外観上のハンディ3タイプと補完になる行動

	外観上のハンディの種類		
	強面、 体格が大きい	醜面、 身体形成異常	小さい、弱い、 みすぼらしい
不遇	・警戒される 　（脅威）	・嫌がられる 　（嫌悪） ・差別 ・不当評価	・標的にされる 　（好適） ・差別 ・不当評価
近／避	・避けられる	・避けられる	・寄ってくる
ハンディを 補完する 行動	・挨拶、笑み ・落ち着き ・傾聴 ・親切、助力	・仕事に励む ・音楽、美術 ・交際可の人と 　の交際	・ビジネス姿勢 ・間接交流 ・拒否表明 ・疎遠
トラブルを 誘発する 行動	・強要、命令 ・非難 ・怒鳴る、 　害意の表明	・触る ・追いかける	・世話焼き ・無償供与 ・低頭 ・受諾
補完・抑制 の不成功	・面従腹背 ・懲戒、訴訟	・孤立	・他殺 ・自殺

供与を抑制して被害を避ける

　姿形を見て、あるいは属性を知って、世話をしてくれそうな存在と見積もっても、それだけでは確信には至らない。進んで世話を焼くという情報を手に入れて初めて、願像通りの存在が出現したという確信を持つ。

　ひとたび食い物と認識されてしまうと、その認識を払拭するのは難しい。最初から取り付きにくいと認識させておくに越したことはない。「恩」を受けて「仇」を返す関係は、前段に「恩」がある。前段が成立しないと後段には進めない。行動を慎重にすることで、一部の被害を防ぐことができる。

(1) 無償で世話をしない

　対人弱者が親切にすると、「私の世話をする奴隷のような生き物が存在する」という願像に合致してしまう。立ち行かなくなって世話をやめると、世話を続行させるための非難や強要が始まる。

　世話は業務の範囲に留める。ビジネスライクな態度で接し、私的な関係になることを防ぐ。「私は親切な人間だ」という満悦より、トラブル頻度を下げることを優先する。緊急時の救護活動については問題ない。傷病者には救護者に着眼する余裕がない。

　無償で世話をする行動は、地位が高い者に向いている。地位が高い者の行う世話は恩義と認識され、忠誠心で報いられる。

(2) 感謝をまき散らさない

　対人弱者が感謝すると、異様な認識を誘発することがある。

　感謝されると、「私は恩人で、この者は施し者だ。上下関係が成立した」「与えた恩を返してもらう権利が発生した」、そう考える者がいる。

　感謝に対し、軽侮や返恩請求が返ってきたときは警戒する。「どういたしまして」「こちらこそ」と返した人には、感謝を述べても大丈夫だ。

(3) 要求を警戒し、受諾に慎重になる

　対人弱者には、次々と接近者が現れる。目的は要求だ。

「私は不当な要求などのまない」と思うかもしれないが、脆弱性を持っていると判断が乱れることがある。

［拒否の成立を妨げる心理］

① 恩返され願望[*1]

　　他者の要求行為を、「返恩義務を負う申し出」と解釈する。

② 恩人になりたい欲求

　　他者の要求行為を、「恩人／施し者関係の了承」と解釈する。

③ 仲間に入れてもらいたい欲求

　　他者の要求行為を、「仲間としての承認」と解釈する。

④ 必要とされたい欲求[*2]

　　他者の要求行為を、「自分が生きていてよい根拠」と考える。

　飢えていると何でも食べ物に見える。しかし、要求行為は、要求行為以外の何かではない。自分の内部にある甘美な夢に見とれていては、相手を観察できない。相手を見ずに、その真意を見抜くことは難しい。

　要求は本来、警戒を要する行為であって、部分的に互助や代金の支払いが成立しているにすぎない。要求行為は、現実には、以下の考えを持つ者が多用する。

・些細なことなので、感謝も代金も負い目も不要である。
・私には標的を使役する権利がある。
・相手に損失が出ても、私がその責任をとるいわれはない。

　案件の受諾／拒否は、都度、判断する。

・金貸しは対人弱者に向かない。
　利息どころか元金も戻ってこない。
・軽侮が上乗せされた依頼は断る。「大したことじゃないでしょう」
　軽んじながらサービスを受け取ろうとする者を遠ざける。
・代金を提示する。口頭の受諾を避け、契約書を交わす。
　無償でやってくれると勝手に思い込んで依頼する者を遠ざける。
・隣接部門からの労働要求は、直接受けず、上長を通してもらう。
　自分の部下または雑用係と誤認されているおそれがある。

＊1　恩返され願望：　自分は恩人であると優越しながら、利を受け取る願望。著者の造語。
＊2　必要とされたい欲求：　イネイブラー（enabler）の心理の一つ。ロビン・ノーウッド『愛しすぎる女たち』，読売新聞社（1988年）

憎しみか、幸福か

　むやみに人助けをしないよう慎重に行動するとして、無償で人を助ける機会をゼロにはできそうにない。ときには恐れていた通り、被害を被ってしまうこともある。

　二つの道がある。一つは恩を仇で返された憎しみを募らせ続ける道、もう一つは適当に切り上げ、自分を幸福にする仕事に戻る道だ。

　一般人は憎み続けていてかまわない。おそらく事態は悪化しない。対人弱者の場合は、対処が必要になることがある。相手を憎むことと、平穏を取り戻すための立案は、同時にはできない。ひとしきり憎しみを募らせ、考える力が復活してきたら、どのように対処するか、検討を開始する。対処の必要なしという結論が得られたときはラッキーだ。そのときは自分を幸福にする仕事に戻ることができる。

　憎しみが減弱してきて、選ぶ力が復旧してきたら、選ぶ。
　憎しみ続けることもできる。
　対処を開始することもできる。
　自分を幸福にする仕事に戻ることもできる。

第6章
心を守る

Protect Your Mind

6‐1 精神ダメージを学ぶ

心を守る活動

　精神のダメージが大きいときは、心を守る営みが必要になる。心を守る活動には、大きく三つのルートがある。

　A. 生身の人から支援を受ける。

　B. 本を読み、心を守るのに役立つ知識を得る。

　C. 自分に合っているケアを実行する。新しく知ったケアを試す。

　残念だが、対人弱者には、他者との接触にリスクがある。

　心理学者、加藤諦三は、米国滞在中、弁護士を頼り、二重に被害に遭ったことを吐露している[1]。弱い属性を持つ者は、支援を頼む場面でさえ、害意と無縁でいられない。

「この人が責任をもって解決してくれる、私はすがるだけでよい」と依存すると、畳みかけられたときのつらさが増す。力を借りるときは、あくまでも自分を主たる責任者とし、支援を従に位置づける。

　読書は安全だ。本は静かに待っている。

[1]　加藤諦三『どうしても「許せない」人』, ベストセラーズ（2008年）

表10　心を守る方法

Ａ．生身の人から支援を受ける（ケアしてもらう、助力をもらう）	Ｂ．本を読んで知識を得る（自分を強化する）
① 友人や家族による寄り添い 　（孤独感の軽減） ② 心理士によるカウンセリング 　（思いを吐き出して楽になる、 　気づきを得る） ③ 弁護士による法律相談 　（攻勢の意識に転じる） ④ 医師による診療 　（医療助言や向精神薬の入手）	① 思考に使う語を入手する ② 未知を既知にする ③ 混乱を解除する ④ 状況を俯瞰する ⑤ 加害者心理を学ぶ ⑥ ケア意識を成立させる ⑦ 心を守る考え方を入手する ⑧ 多様な療法の存在を知る

精神ダメージを自覚する

　被害に遭うと、精神にさまざまな反応が表れる（表11）

　反応の内訳や強度は人によって違う。自分の心に照会する。反応が起きていると認める。反応があると認めることがケアのスタートになる。

　原始の脳は、記憶を保持する力が弱かった。個体に忌避行動を定着させるには、延々と苦痛感を浴びせるしか方法がなかった。
　原始の脳は、問題を解決する能力が低かった。害意が迫る状況では、憤りで個体を駆り立て、攻撃行動をとらせるしか方法がなかった。

祖先が大きな脳を獲得したのは、進化史ではごく最近のことだ。もし、古い脳にしゃべらせることができたら、「私はこの個体の生存率を上げるために頑張っている」と主張するだろう。

表11　被害時の自覚可能な反応（チェックリスト）

☐　苦痛、つらい気持ち、耐えがたい気持ち
☐　怒り、憤慨、悔しさ、理不尽を承服しかねる気持ち
☐　憎しみ、報復を実行したい気持ち、処罰感情
☐　謝罪してもらいたい気持ち
☐　恐怖、怖いという気持ち
☐　嫌悪、軽蔑の感情、関わりたくない気持ち
☐　動転、混乱、考えようとしても考えがまとまらない感じ
☐　絶叫の衝動、破壊の衝動、暴れたい感じ
☐　自傷すれば楽になれそうな感じ
☐　死にたい気持ち、苦しみを終わりにしたい気持ち
☐　悲嘆、悲しい気持ち
☐　絶望、全ての道が閉ざされた感じ
☐　放棄の感じ、もうどうでもよいという感じ
☐　感受性が失われた感じ、心がマヒした感じ
☐　気力が湧かない感じ
☐　疲れ果てた感じ、疲弊感、消耗感
☐　その他（　　　　　　　　　　　　　　　　　　　）

自覚しにくい精神ダメージ

　意識には、注意を向けている事柄にリソースを集中させる仕組みがある。その際、注意を向けていない事柄へのリソースの割り当ては自動で削減される。視界に入っていても、ぼんやりとしか見えていない状態になる。

　被害に遭うと、被害に起因する励起にリソースが集中し、注意の自在性を失う。この状態に陥っていることは、自分では気づきにくい。

　被害直後、我を失う。苦痛と怒りでいっぱいで、他のことは何も考えられない。

　ほどなく考える力を取り戻す。しかし、苦痛と怒りは続いている。車の運転や機器の操作が上の空になり、事故になりかねないミスをする。

　ある被害者は落ち着いている。この被害者には自分で自分を落ち着かせている自覚がある。しかし、落ち着きを保つことに集中するあまり、休息が必要であることを失念する。家族が存命を願っていることも失念する。

　苦痛の感覚がなくなったあとも緊張は続く。かなり日数が経過したあとで、美しいと感じる経験を長らくしていなかったことに思い当たる。

苦痛や怒りにリソースを取られると、結果として他の注意を向けるべき事柄を思い浮かべることができなくなる。働きが弱くなった項目の中に、安全を指向する意識や、快を感じ取る感覚がある。注意の自在性を失っていることは認識に上りにくいが、これも精神におけるダメージの一つといえる。

表12　自覚に上りにくい精神ダメージ　－ 注意システムへの影響

	損なわれやすい項目	ダメージを受けた状態
注意制御	注意の切り替えの自在性	低下
	注意を向けられる範囲	限局
注意対象	細部、タイミング	注意が配分されない
	職務、業務	注意が配分されない
	美しさ、楽しさ、美味	注意が配分されない

精神ダメージの性質　── 持続、減衰、再励起 ──

　心の苦痛は経日で変化する（表13）

　変化は大まかに、(1) 急性期、(2) 亜急性期、(3) 長期の３期で考える。

　本書は当事者の感覚に寄せて記述している。医学上の整理は、精神医学の専門書を参照されたい。

表13　被害後の急性、亜急性、長期の精神ダメージの特徴

	急性期	亜急性期	長期 (後遺症)
主な精神 ダメージ	・苦痛、怒り ・リソース剥奪 ・動転、混乱	・苦痛、怒り ・リソース剥奪 ・疲弊、消耗	・想起 ・緊張 ・忌避、萎縮
強度と 推移	極めて強い 持続的	弱い～強い 波を持ちながら 減衰	無し～強い スパイク型の 励起
対処例	・注意集中課題 ・業務緊急停止 ・入眠剤服用	・内発の受容 ・抗鬱	・落着モデルの 　想起[注]

注　落着モデル：　想念を停止する目的で思い浮かべる落着性の命題または語。著者
の造語。

(1) 急性期

　被害直後、意識は、強度の感情と一体となっている。

　我を失った状態は、短時間で解除されるが、その後も平穏には遠い状態が続く。このときの心の動きは回し車（マウスの遊具）を回す状態に似ている。当人は考えているつもりでいる。しかし、調査や分析はしていない。何をしているかというと、感情や欲望を募らせている。ひたすら苦しむ。ひたすら憤る。乗っているのは回し車なので、どんなに回しても前には進まない。下車しないかぎり、乗った状態は続く。

(2) 亜急性期

疲弊する。何も進展はないのに疲れる。疲労感が強くなると感情を募らせるのも嫌になってくるが、感情の噴出は止まらない。ついに力尽きる。

エネルギーの枯渇によって激情が停止した場合、力が復活すると、噴出は再開する。しかし、その強度は、被害直後よりは弱い気がする。

励起は波を持ちながら減衰する。落ち着きを取り戻すまで何日も、ときには何カ月もかかる。

(3) 長期

月日が流れ、落ち着きを取り戻す。

つらい記憶は、放射状の針をゴム糸で厚く巻いたような、重く鈍い形でそこにある。あるのは確かだが、新たな痛みを生じさせるものではなくなる。

ある出来事は、記憶が曖昧になる。

腹痛がつらいことには同意する。しかし、いつ、どんな状況で自分が腹痛の経験を持ったのか、詳しいことは思い出せない。

別の出来事は、情報を伴って定着する。

エピソード記憶は、誰が、いつ、どこでといった情報と、そのときの心身の状態に関する情報を備えている。被害に関わる情報は、被害との因果関係が疑われる要素として、後日の困難を避けるのに利用される。

さまざまな形で、影響が残る。

加害者と同じ属性の人と接したとき、あるいは、被害現場の名称を聞いたとき、つらい思いをしたことを思い出して苦しくなる（想起）

当時の記憶が突然、鮮烈によみがえる者がいる（フラッシュバック）。激しく動揺し、我を失う。「違う、これは過去の出来事だ」と認識するのに、十数秒から数分かかる。一連の経験を復習させられている気がする。

軽微な被害に遭ったときに、きつい被害に遭ったときの生理反応が再現されることがある。意識は保たれており、「この反応は過剰だ」と判定する。しかし、緊張は現実であって、心拍数や呼吸数が上昇する。殴られた経験を持つ人が、相手が手を上げる動作を見て、とっさに防御姿勢をとることもある。

被害経験が心の傷となり、忌避や萎縮の傾向が強まることがある。
ある者は、明瞭な想起に基づいて忌避する。ある者は、自分が何に影響されているのか、認識がないまま忌避する。

攻撃された時間は限られているのに、精神のダメージはその一瞬では済まない。精神ダメージには、持続と再励起という難しさがある。

6-2 ケア意識を持つ

心を守る位置に着く

　ある日、感情や欲望が「自分の中から湧いている」という「内発」の感覚を得る。自分の意識とは別の何かが、勝手に反応または欲望する。

　黙らせようとしても黙らない。消えてくれと願っても消えない。戦って戦って、疲弊し尽くして、戦う相手ではないと認めるまで、内発との敵対関係は続く。

　発信はモニターできるようになったときに初めて生じたのではない。赤ん坊のときから発信はあった。脳から発せられる信号なしでは、赤ん坊は泣くことも母親にしがみつくこともできない。脳はその発信の機能から、司令塔にたとえられることが多い。

　脳に発信の機能があるとして、幼児にはまだ、その発信に応える力が十分に備わってはいない。幼いころは、親が、子が泣くのを受け止めていた。親が子の様子を観察し、発信を読み取り、必要な物を与え、環境を整え、あやしていた。哺乳類、鳥類、魚類の一部は、幼体が適期に達するまで、親が生存維持の仕事を助けることになっている。

　発達教育学には、レディネス（readiness、準備状態）という概念がある。子供が高校生になったら昼食代を渡すとよいだろう。商品を購入する練習をするのに適した時期だ。しかし、赤ん坊に千円札を握らせても、ミルクを買いには行けない。訓練には適期がある。

　意識が発信と一体であるうちはまだ、発信を内発の位置づけで認識することができない。訓練は時期尚早だ。

　発信と意識は、ぽつりぽつりと分離する。ある発信を、「これは内発だ」と認識できるようになることは、精神の学年が一つ上がることかもしれない。仏教は108種の煩悩があると説く。内発が全部で何種類あるかはわからないが、一つでないのは確かなことだ。

　苦痛を黙らせようとしているのなら、苦痛とは分離を果たしている。世話を始める時期だ。

　発信源は自分の中にある。自分が心の声に耳を傾けてやらないとしたら、誰がその声を聴き取るのか。自分がやろうとしないことは、他者もやらない。逆にいえば、自分が心の声に耳を傾ければ、誰一人、声を聴き取らないという事態にはならない。

「受容」という言葉がある。
　発信を認める。わかってやる。「そうなんだね」と受け止める。「無理もない」と寄り添う。
　見よう見まねで、ありえないほど不器用に、内発の受容を開始しよう。

脳は特別なケアを必要とする組織

　人は、強いストレスが続く中で体調を崩す。よく知られているのは、精神の病気である鬱病だ。

　脳は、その機能を保つためにメンテナンスを必要とする。トラブルのない平穏な日々でも、毎日数時間、睡眠と呼ばれるメンテナンス時間を必要とする。ショックを受けたときは、いつにも増して手間のかかるメンテナンスが必要になる。

　緊張が持続し、眠れない日が続くと、脳の生化学状態が悪化し、鬱病を発症する。悲観や絶望で心がいっぱいになり、死にたくなる。幸福感を支える生化学システムに異常が起きれば、どれだけ意思を奮い立たせようと、悲観と絶望と死にたい気持ちでいっぱいになる。

　一過性でない死にたい気持ちや、起き上がれないほどの気力低下が続くときは、脳組織がダメージを受けていると思い出すことが大切だ。

　平素は気を強く持って乗り切っていると想像する。鬱病ではその気力が障害される。気の持ちよう、それだけで何とかしようとすることは、折れた腕を使って崖に摑まることに似ている。

　鬱病の治療は専門医の下で進めるとよい。すぐにはよくならないとしても、無治療のときよりは、よい状態を確保できる。

怒りと憎しみの難しさ

　怒りと憎しみには、独特の困難がある。

　怒りと憎しみが湧いたときは、受動的に耐えるだけでなく、自分で自分の攻撃をとめるという能動的な営みを強いられる。

　怒りと憎しみは、内発と一体となった状態を解除することが難しい。「怒る」状態から、「怒りが自分の中から湧いている」という認識に工程を進めるだけで、ひと仕事だ。内発と分離するまでは、セルフケアを開始できない。

　怒りと憎しみには葛藤がある。憎しみをきれいさっぱり消し去りたいかと尋ねられたら、ノーだろう。できることなら憎しみに駆られるまま、攻撃行動を取りたい。しかし、攻撃抑制の誇りも放棄したくない。

　十分な月日が流れ、「私は前を向きたい。憎む気持ちがあまり強く湧かないでくれたほうが助かる」と思うことがある。そこまで憎しみが減弱してくれば、苦痛と同じ対処が可能になる。

　急性期の怒りと憎しみは本書の手に余る。
　幸か不幸か、怒りと憎しみは、対人弱者だけが背負う難題ではない。一般人も、被害に遭えば、怒りや憎しみの内発に苦しむ。同じ難題を授かった者たちと取り組みを進めることになりそうだ。

6-3 精神ダメージに関する混乱を解く

加害と被害を分けて考える

(1) 加害と被害は鏡像ではない

　加害者の言動で、被害者のダメージを表せたことにはならない。

・同じ突きの動作でも、生じる創傷は異なる。

　眼球を突いたときの傷と手術跡を突いたときの傷は違う。

・同じ1万円を奪う略奪でも、生活への影響は異なる。

　金持ちと貧しい人ではお金の重みが違う。

・同じ脅迫でも、被害者によって恐怖の強さは異なる。

　対象の喪失を恐れる程度、過去の被害経験の違いがある。

(2) 加害と被害は1対1ではない

　どのタイプの加害でも、精神へのダメージは入る（図3、中央列斜線）。

　被害者の心身はつながっており、一つのダメージは他の項目に波及する（図3、右列点線）

(3) ダメージは、攻撃の動作時間では測れない

　心身の傷が癒えるまで、継続的にダメージが入る。

図3　加害と被害を整理する

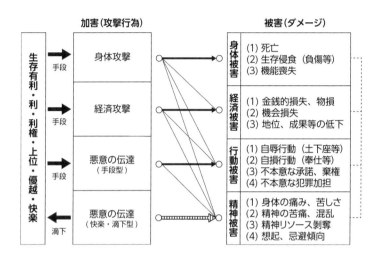

悪意の伝達を使う攻撃

　強盗はいきなり金をひったくるのではなく、刃物を見せ、「金を出せ」と発語して、金を出させる。

　上司は部下を物理的に監禁するのではなく、「昇進できなくていいのか」「解雇されてもいいのか」と脅し、無償残業を承服させる。

　実際に身体を切り付けなくても、現実の雇用差別をしなくても、害意や奪意を伝えるだけで標的は苦しみ、本来ならするはずのない行動をとる。直接攻撃と区別するため、本書ではこの攻撃を「悪意を伝達する攻撃」と呼称する。

特定の利を供出させることを目的として、攻撃性の言動を行うとき、その言動は手段の位置にある。このタイプを、悪意を伝達する攻撃（手段型）に分類した。刑法に以下の条文がある。

・刑法　第32章　第222条　脅迫、第223条　強要
・刑法　第37章　第249条　恐喝

供出させる利を明示せずに行う攻撃性の言動を、悪意を伝達する攻撃（快楽・滴下型）に分類した。刑法に以下の条文がある。

・刑法　第34章　第230条　名誉毀損、第231条　侮辱
・刑法　第35章　第233条　信用毀損及び業務妨害

悪意を伝達する攻撃も看過できない

史実は、標的を精神的に苦しめると、直接、暴行を実行しなくても、加害者の利や利権が増大することを示している。加害者に増利・増権の意識があるとは限らない。単に罵倒したかっただけであっても、そのような駆り立てが搭載されていること自体、他者を苦しめる攻撃に何らかの利があることを示唆している。

［悪意を伝達する攻撃に想定される加害者の利］
① 加害者が愉快感、自己強者感、元気を得る（快楽・減苦）
② 攻撃を免れようと標的が差し出した利を手にする（供出利権）
③ 標的の意欲や能力が低下し、上位を手にする（上位利権）
④ 標的が敗走し、場に残った利権を手にする（残存利権）

悪意を伝達する攻撃は、総じて被害と量刑の対応性が低い。

［回数の軽視］

　刑法は繰り返された犯行を一つの案件として審理する。犯行ごとの加算はしない。回数が多いケースは刑の圧縮率が高くなる。刑の上限は犯罪の種類で定まっており、上限を上回る量刑は科されない。

　被害者にとって単回と畳み掛けは同じではない。1回の体当たりでは死なないが、体当たりを繰り返し、崖縁に押し動かしてから体当たりすれば標的は死亡する。標的の心身の状態は攻撃ごとに悪化する。死に至る加害を分割すれば苦しまないという実態はない。

［結果責任の不問］

　刑法には、結果を含める罪と含めない罪が混在する。侮辱罪は結果を含めない罪に分類される。侮辱を苦にして被害者が死亡しても、侮辱罪を適用して加害者に結果責任を問うことはできない。

［苦痛を刑罰に反映することを避ける］

　現代科学は心の痛みを測定できない。肉体の痛みでさえ測定できない。測定できないものを根拠として、国家権力が刑罰を行うことに懸念がある。ただし、苦痛を測定できないことは、苦痛がないことを意味しない。執筆現在、173カ国が拷問等禁止条約を締結している。

　刑法を見ると混乱する。被害はここまで軽視されるものなのかと。しかし、そもそも刑法において、被害者は希薄な存在だ。被害者の苦痛は、別の法律（防止法）が考慮する。

バイスタンダーが行う圧迫型の攻撃を認識に上らせる

バイスタンダー（場に居合わせた人）が被害者を攻撃することがある。

(1) 被害者叩き 　（→落ち度叩き）

落ち度を見つけて言い立てる。叩きたいあまり、実在しない落ち度を仮想して叩くこともある。

(2) 自己責任論 　（→被害者責任論）

被害者の苦境を自業自得と言い立てる。被害者は努力不足であった、自ら行った選択の報いを受けた、二つの論調がある。被害側の責任を入念に問い、加害者の責任を軽視するアンバランスがある。

(3) 封抗攻撃[*2] 　（もみ消し、泣き寝入らせ、浄化）

被害の事実を否定する。なかったことにする。被害を申し出て和を乱したことを非難する。管理権限をかざし、通報や救助要請を禁止する。被害者の自死・敗走を解決と位置付ける。

(4) 人格否定

「感情的だ、動物のようだ」「人に好き嫌いを抱くのは幼児だ」「苦しいと感じてはいけない」など、被害者が感情・感覚を有していることを非難する論調や、「加害者と仲良くしろ」「置かれた場所で耐え続けろ」など、被害者の安全や利害に関する指向性をないがしろにする論調がある。

　被害者はバイスタンダーに攻撃されたとき、それが攻撃であると認識できないことがある。攻撃はあった。あったから苦しい。攻撃されたのだと認識できないと、混乱による苦痛が上乗せになる。

　攻撃的な言動をしたバイスタンダーは、する／させるを混同していることがある[*3]。自分が立派であろうとすることと、他者に立派であるよう要求すること。自分が泣き寝入りすることと、他者に泣き寝入りするよう要求すること。これらを区別できるだろうか。

　自ら進んで行う努力や犠牲は、他者に強いると攻撃になる。お金一つとっても寄付と強盗は違う。多くのケースで、攻撃したバイスタンダーと攻撃された被害者、双方が混乱している。

　私の努力が足りないのだろうかと自省的に考えていたときは停止する。発言は、第一に、発言者の情報であると仕切り直す。発信者のしていることが、寄付／強盗、どちらであるかを考える。強盗であったときは正しいラベル（非難行為、強要行為）を張る。
　分別に成功すると、混乱に起因する苦痛は消える。

＊2　封抗攻撃：　被害者の抵抗を封じることを指向する言動の総称。著者の造語。
＊3　する／させるの混同：　自分を律している感覚をもって、他者に善行的な振る舞いを強いる、自他認識における混乱の一つ。

第7章
幸福をあきらめない

Enrich Your Life

7-1 不利が少ない条件で暮らす

職業を選ぶ

不利の影響が比較的少なく、努力が報われやすい職種がある。

(1) 適職1　成果物の品質が評価される職種

客はおいしいと思ったパンを買う。店の奥にいるパン職人のことは知らない。ある日、客は、お気に入りのパンが並ばなくなったことに気がついた。どうしたのか尋ねると、店員は「あの職人さんは隣町で店を開いたそうです」と答える。客は隣町までパンを買いに行く。

製品のみが顧客に届くビジネスは、姿形や属性が障害になりにくい。よい仕事は製品の再購入で報いられる。作者不詳のまま、高い評価を受けている製品は多数ある。

「前回と同じ人でお願いできませんか」という、名のない指名発注になることもある。デザイン、文筆、プログラミングで満足できる納品が得られると、その作り手を手放したくなくなる。「あの人に頼みたい」のポジションを得るには、品質に関して裁量のある職種を選ぶ。縫製、研磨、犬のトリミングなども、品質がしっかりチェックされるようだ。

(2) 適職 2　移動の裁量がある業務

　攻撃されたとき、移動して難を逃れることができるかは大事な要素だ。移動を含む業務として、運送、巡回（点検、商品補充、清掃）がある。成果目標のみが指定され、居室と作業場を自由に移動できる仕事が見つかることもある。

(3) 適職 3　オンライン業務

　通信販売は、受注から納品まで、すべての工程がオンラインで完結する。メール相談など、サービスを売るビジネスもある。

(4) 一般の職種

　経営者がパワーハラスメント不可の倫理方針を掲げている職場なら長く勤務することができそうだ。勤務先は給与額や雇用保険の有無で選んでもよい。金があれば退職後、心身を回復する時間が持てる。大企業ではパワーハラスメントがあったとき、異動という選択肢が加わる。

表14　対人弱者に向く仕事、向かない仕事

姿形の有利を要する職業	姿形の不利の影響を受けにくい職業
○政治家、講師（威風） ○モデル（美顔、美姿） ○営業（誠実感） ○接客（好感）	○農業、調理（美味） ○文筆、設計（創作性・機能性） ○運送、巡回業務（移動） ○通信販売、オンラインサービス

コミュニティを選ぶ

(1) 適するコミュニティ1　音楽バンド

　音楽は、姿形や属性の不利を吹き飛ばす。

　人種差別の残る米国でもマイルス・デイヴィスの評価は揺らがなかった。ミシェル・ペトルチアーニが障害のある身体を理由に演奏を断られることはない。姿形が麗しくなくてもスーザン・ボイルの歌声には心が洗われる。目を閉じて音に耳を澄ます音楽の世界はお勧めだ。

　人を虐げると、その人はよい音を出せなくなる。心と音がつながっているという背景から、演奏家に配慮がなされることは多い。

(2) 適するコミュニティ2　英会話教室

　会話モデルをなぞるときに他者と交流する感覚が得られる。参加者は、英会話習得という向上心を備えている。

　珍しいところで手話教室が見つかることもある。身ぶりを使った交流が楽しめる。

(3) 適するコミュニティ3　犬の散歩仲間

　犬を散歩させる者たちは、互いの犬に声をかけ、その愛らしさをたたえ合う。伴侶動物は人に慈しみの気持ちを抱かせる。愛犬がいれば、隣人を標的にして心の虚無を埋める必要はない。

(4) 適するコミュニティ4　オンライン交流

　オンラインの言論の場では、発言の本質が問われる。姿形・属性は開示しないこともできる。

(5) 警戒を要するコミュニティ　体育系の団体

　格闘技など、闘争に起源を持つ競技は、慎重な運営を必要とする。交流や健康増進ではなく、勝利を至上価値とする団体も多い。

　現在、体育系の団体は、運営上の安全確保を「指導者の人格」という運に頼っている。団体の安全性は指導者の方針によって大きく異なる。

　相撲部屋で、親方の指示により、力士たちが新弟子を暴行した事件がある。　　　　　　　　　　　　　　（日刊スポーツ　2007年9月27日）

7‐2 対人弱者の幸福

対人弱者は人生に着任する時期が早い

どのコミュニティでも標的にされる。どこへ行ってもつつきのもよおしを起こす人が現れる。そんな対人弱者にも一つだけ有利がある。それは人生に着任する時期が早いことだ。

孔子は「三十にして立つ」と述べた。孔子が生きた時代は、三十歳前後で人生を始める人が多かったのかもしれない。思考基盤が発達しなければ主体にはなれないので、相応の年齢は要る。しかし、人は、なかなか人生を始めない。凡人が人生を始めるには、逆境のひと押しが要るらしい。

生きていれば困難がある。現代では、約3割の人が転職を経験する。2人に1人はガンになる。人生への着任を先送りにしていた者も、自分が動かなければどうにもならない事態になって、重い腰を上げる。

対人弱者の不遇は人生の早期から始まる。幸か不幸か、その不遇はわかりやすい。「害されろ」に対立する論陣として、「ノー！　私は一人でも自分を守る」と思い立ち、旗を立てることができる。待ちの姿勢を続けてしまいがちな枯渇とは対照的だ。

　結局のところ、人生に着任しなければ幸福感は上がらない。自分を幸福にする仕事を他者の責務と考えると、「誰も自分を幸福にしてくれない」という不満が必発する。構造性の不幸感だ。

　対人弱者は不遇に違いない。しかし、その不遇をスターターとして、人生に着任することができれば、その日から生き方は変わる。同年代の者が不満にまみれているころ、対人弱者はひと足早く、スタートを切る（図4）

図4　人生に着任する時期は人によって異なる（モデル図）

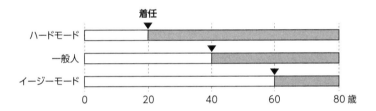

人を道具にすることなく幸福を紡ぐ

　対人弱者が幸福になる方法として、「生身の人がしてくれる何か」を期待しているのであれば、結果は芳しくなさそうだ。生身の他者を道具にせずに、幸福を作ることを試してみよう。

　自分に何を与えたら幸福感が湧くのだろう。どんなことでも試してみる価値はある。

音楽を聴いてみる。絵を描いてみる。見晴しのよい場所で風と光を堪能してみる。いろいろ試して、内発からどんな反応が返ってくるかを調べていく。自分を対象とした幸福研究は始まったばかりだ。

　太陽が沈むと星が瞬き出す。実は昼間も星は出ていた。太陽が出ているあいだは明るすぎて、星があることがわからなかった。「生身の人がしてくれる何か」という強すぎる歓喜を除外することで、繊細な美を認識する感覚が宿る。

　松尾芭蕉は「岩にしみ入る蟬の声」に耳を澄ました。レイチェル・カーソンは妙なる自然に感性を研ぎ澄ませる日々を『センス・オブ・ワンダー』に書き残した。争い合う世界の外に、豊かな感性の世界がある。

　幸福を紡ぐ課題は、一般人も対人弱者も変わらない。皆それぞれに、取り組み始める。対人弱者は普通より少し時期が早いだけだ。

やりたいことをやる

　どんなことでもよい、有限の時間でやりたかったことができたら、ちょっとした人生に思える。何かやりたいことがあるだろうか。

　ここでいう「やりたいこと」とは、少しの行動を含んでいて、楽しみに思える何かのことだ。コンサートに行きたい、海を見たい。心の声に耳を澄ますと自分の望みを聴き取れることがある。

　やりたいことは、それまでに見聞きしたことに左右される。パンを食べたことがなければパンを焼いてみたいとは思えない。存在を知らなければその国に行ってみたいとは思えない。

　幼いころは見聞が少ないので、やりたいことが浮かばないことも多い。生きて見聞を広めると、やりたいことが生まれる。やりたいことができると、もう少し生きてみたいと思える。やりたいことと延命は相互に支え合う（図5）

　自分がやりたいことを持っていないと、他者のやりたいことにのまれる。一般人でさえ、その傾向があるので、対人弱者ではさらに危うい。

　被害を受け、心が苦しみでいっぱいになる、その隙間にやりたいことを考え、計画し、実行する時間をねじ込んでいく。

　図5　やりたいことと延命は相互に支え合う

7‐3 対人弱者の壮年期

ある日の対人弱者

交際の意思はないというメールを送信し、ミュートを設定した。これで安全は確保できた。思えばたくさんの人を謝絶してきた。300人ほどだろうか。相手にとっては生まれて初めて見る七色の食い物だったかもしれないが、こちらは300回目だ。

今では考えられないが、最初の被害では10年も耐えてしまった。次は5年、その次は1年。その後も3回まで我慢する、謝罪を1カ月待つなど、謝絶を先延ばしする基準を作っては、被害を大きくしていた。今では一度の迷惑行為で判断を終える。たくさんの人と接しているうちに、問題を起こす人は何度でも起こすし、問題を起こさない人は一度も起こさないと気がついた。私には腐った卵を全部食べている余裕はなさそうだ。とにかく数が多すぎる。

以前は謝絶メールに非難を書き連ねていた。今は定型文を書いて終わりだ。自分の怒りは自分で処理する。謝絶の成功が優先だ。数百回を経て、やり方に慣れてきた。

相手は今、嫌がることをすると関係を切られるという課題をやっ

ている。かくいう私も憎しみにのまれないという課題を前にしている。内容は違っても、皆、自分の課題に取り組むことに変わりはない。

　被害に遭うたびに、古い記憶がよみがえる。今回の被害と関係があるとは思えない。そうだとしても苦痛はある。私はこの苦痛の存在を認めよう。苦痛に心を奪われたとき、私はこう考えて自分を取り戻す。「私の中から苦痛が湧いている」と。時間が経っても、つらい記憶は消えない。それは心の深いところに宿り、私の一部を構成している。

　幸福を作り出していないのなら、幸福でなくても文句はいえない。山に行ってみようか。風に吹かれ、鳥のさえずりに耳を澄ませると心地よい気分になる。幼いころはつらさのあまり、感受性などないほうがよいと思ったが、今はささやかなものを感じ取る力に救われている。

　自分を守る技能も、自分を幸福にする技能も、今が一番高い。生き延びた日々はすべて、延命に成功した実績だ。自殺を思いとどまった、あの日の自分を褒めてあげたい。

　いつが一番幸せかと尋ねられたら、私は迷わず、今と答える。私は生き延び、ここにいる。今が一番、幸福だ。

最も厳しい時期を越えて

　対人弱者にとって最も苦しい時期は、小学校、中学校時代ではないだろうか。

　クラスメイトは幼い。発達障害がなくても年齢相応の発達しかしていない。大人は住み分けを使って安全を確保しているのに、子供は狭い教室に閉じ込められる。被害に遭うことが確実なのに、その場所に通うことを強いられる。

　2017年、教育機会確保法が施行され、ようやく被害から逃れる道が開けた。大人が侵害行為から逃げてよいなら、子供にもその権利がある。子供にも安全に生きる権利がある。

　社会に出てからは場所を変えられる。勤務先は変更できる。電話番号も住所も変えられる。対人弱者にとって、逃げやすさは生存に関わる重要な要素だ。

　組織を構成する成員は不均一になる。職場で働く者たちの年齢や出身地はばらばらだ。精神発達の視点から見た構成は、全員未熟から玉石混淆へと変わる。組織には嬉々として虐げる者と攻撃抑制の誇りを持つ者が混じる。他者の苦しみを感じない者と他者への配慮に努める者が混じる。

　全体として、法に守られた世界が広がる。この制動を支えているのは、「遵法企業として存在し続ける」という縛りだ。

　営業活動を続けたければ、起訴されない程度に法を遵守する必要がある。経営者は賃金を払いたくないかもしれない。管理者は部下を殴りたいかもしれない。そう考えても抑制する。企業は倒産の心配をしなくてよい学校とは違う。

　害意を持つ者の侵入を防ぐことはできない。組織の中に局地的な支配圏ができることはある。しかし、経営者の多くは破綻を望んでいない。遵法企業として存続することを願っている。

　そして、新しく、生産という軸が立つ。役に立つ商品やサービスを生み出した者に評価が集まる。依然として嫌がらせや上下付けに熱中している者はいる。しかし、周囲の人間は冷めた目で見ている。ルールが変わり、生み出さない者は生み出さない者でしかなくなった。

　卒業した先に待っているのは天国ではない。しかし、どれだけ相手を害せるか、それだけで上下を決めていた世界よりは、対処しようがある世界になっている。

人恋しさの漸減

　人恋しさに駆られ、他者の接触を許すと、被害が出てしまう。「人恋しい気持ちが湧かなければいいのに」と思う者もいるかもしれない。

　人恋しさを手早く消すことはできそうにない。乳児は親に付着して世話を得る。親に付着したほうが生存率は高い。しかし、成人以降、付着は必須でなくなる。年齢を重ねると、付着せずにはいられない気持ちは弱まる。少なくとも幼児期ほどではなくなる。

　一人で眠る。一人で買い物をする。ひとり旅を楽しむ。10年、20年、30年、40年、50年。

　さらに年齢を重ねると、どうなるのだろう。書家、篠田桃紅は、『一〇三歳になってわかったこと　人生は一人でも面白い』（幻冬舎）で、他者と関わることへのこだわりから自由になった精神を描いている。

　対人弱者には、人恋しさが弱まる要因がさらに二つある。

　対人弱者は成長する。成長するしか生き延びる道がない。先に成長すると、同年代の人々が幼く思えてくる。幼稚に見える相手に依存の欲求は湧きにくい。年上の人が未発達に感じられることさえある。

　対人弱者は痛い目に遭う。他者との接触で痛い目に遭う経験を重ねるうちに「人に付着すれば安心だ」という感覚は弱まっていく。

　ネズミは砂糖水を好むが、砂糖水を飲んだあとに腹痛を起こさせることを繰り返すと、砂糖水を嫌がるようになる。これを「味覚嫌悪学習」という。この「学習」は知識獲得の意ではない。心理学における学習は、好き・嬉しい・近づきたい・やりたい／嫌い・怖い・避けたい・やりたくないという不随意の指向性が、実態に合うように修正されることを指す。

　人恋しさはすぐには消えない。変化はゆっくりだ。それでも変化は起きる。10年前を振りかえると、今の心持ちと完全に同じではないことがわかる。人生終盤、対人弱者は人恋しさにあまり煩わされなくなっている可能性が高い。どちらかといえば、一人の時間を確保し、安全を嚙みしめる状況のほうがありうる。

対人弱者は晩年、幸せになる

　対人弱者の姿形を見て、身体を交換したいと思う者はいない。被害に遭う様子を見て、立場を代わりたいと思う者はいない。にもかかわらず、対人弱者は晩年、幸せになる。

(1) 幸福の感受性
　晩年の対人弱者には、幸福を感じとる力がある。
　健康のありがたみを感じるために大病をすべきとは思わないが、大病をした人は結果として、健康の価値を理解する。対人弱者のつらい記憶は、後日、平穏の価値を感じとれるように作用する。

(2) 成し遂げたことで作られた道程

　晩年の対人弱者は、成果に囲まれている。

　人生に着任したその日から、自ら起案して得た経験と成果が手に入る。旅に出たこと。勇気を出して転職したこと。自ら起案したことはよく意識に上る。そして、天寿に近づく。歩んだ道程は、知恵と勇気でできている。対人弱者は晩年、たくさんの成果に囲まれている。

(3) 内発と向き合う姿勢の成熟

　晩年の対人弱者は、ある種の恩恵に包まれている。

　内発との関係性の成熟は、穏やかな幸福感を作る。その状態は、「こういう状態になれば、私は幸福なのだ」と信じていた、幼い願像とは違う。到達したあとで、「これでよい」と思える、ある種の落ち着きだ。

　貧相な身体に発達した精神が宿る。精神的にどこまで到達して死を迎えるかは個体によって違う。対人弱者は晩年、幸せになる。

第8章
尊重ある社会を作る

Responsibility

to Build a Respectful Society

8-1 弱者が虐げられずに済む社会の実現

最強の陣形

　弱者が虐げられずに済む社会の実現を考える。図6のうち、社会を動かすのに有効な形は、体勢A、体勢Bのどちらだろうか。

　図6　社会を動かす最強の体勢

体勢A　全員が自分の責務に目を向けている状態

体勢B　全員が他者の責務に目を向けている状態

　最強の形は体勢Aだ。全員が自分の責務を果たすときが最も強力だ。自分の担当を頑張る形はどのポジションでも変わらない。

　被害者が、「悪いのは加害者なのだから、変わるべきは加害者だ」と考える形は体勢Bだ。
　加害者が、「被害者にも至らない点がある。被害者が努力すべき」と考える形も体勢Bだ。

　他者が変わるべきという思いを募らせるだけでは、社会は変わらない。社会を動かすのは自分の行動だ。自分の手で社会を変えていくと決めた、そのときは体勢Aに変更する。

　自分の行動を立案し、実行することが、自分の責務になる。他者の変容を企図するときも、その変容を促すために、自分がどんな行動をとるかを考える。

　精神科医フレデリック・パールズの「ゲシュタルトの祈り」は、次の言葉で始まる。

　I do my thing, and you do your thing.
　（私は私のことをする。あなたはあなたのことをする）

それぞれの責務

立ち位置ごとの社会的責務の例を示す（表15）

責務意識は、展望を得ると自然に宿る。地図を見ると、どう動くべきかが自動的に決まるのに似ている。何を自分の責務とするかは、自分の展望に基づいて、自分が決める。

著者が考えた責務は参考に留まるけれども、必須項目だけは心の片隅に残してくれると助かる。必須項目を外すと死者が出るおそれがある。

他の項目には、取捨選択の余地がある。表に書かれていない責務に注力するのも、もちろん OK だ。

表15　それぞれの責務の例

	管理者	加害者	被害者 （対人弱者）	バイスタンダー
必須	(1) 自分が加害者にならない (2) ガイドラインに沿った対処	(1) 攻撃抑制の誇りを抱く	(1) 生き延びる (2) 自分が加害者にならない	(1) 自分が加害者にならない
努力	(3) 倫理方針の掲示 (4) 自分で自分を幸福にする	(2) 対人行動で徐行する (3) 自分で自分を幸福にする	(3) 自分を餌にしない (4) 自分で自分を幸福にする	(2) 緊急時の通報 (3) 自分で自分を幸福にする
任意	(5) 人材登用の考慮	(4) 人格想定を試みる	(5) 社会に問題を知らせる	(4) 寄り添い
成長	(6) 考察する 「組織論」	(5) 考察する 「欠損識」	(6) 考察する 「心の支え方」	(5) 考察する 「バイスタンダー」

8‑2 管理者の社会的責務

(1) 自分が加害者にならない　[必須]

　空手家が人を殴ると、武器所持相当とみなされ、罪が重くなる。赤ん坊のときはムズがって人を殴っても問題にならなかった。修行を経て、空手家となって、殴ることが慎むべき行為に変わった。

　強い立場で行う侵害行為は、空手家が放つ拳のように他者を苦しめる力が増している。昇進して地位を得たら行動を慎重にする。弱者を支援する職業に就いたら行動を慎重にする。通常以上の抑制は、地位を得た者だけに求められる特別な責務だ。

　管理者は、被害者から相談を受ける機会がある。その際、拮抗攻撃を行うことを警戒する。
　否定：　「そんなことがあるはずはない。気のせいだろう」
　非難：　「貴様は組織の和を乱すつもりか。被害とか何の騒ぎだ」

　被害者は急性ストレス障害、または鬱病を発症している。順風満帆で健康に暮らしている人と深手を負った人では、残っている体力や気力が違う。敗走や自殺に向けた最後の一押しは、刑法の対象にならなくても、倫理に抵触する。

　準備をしていないと、相談を受けたときの対応が反応任せになってしまう。準備をしておけば、「これが研修で想定されていた相談か」と思い出し、マニュアルに示されていた対応をとることができる。

(2) ガイドラインに沿った対処　[必須]

　侵害行為を抑制するために複数の法律が制定されている（表16）

　名称に「防止」が含まれていることからわかるように、関連法の多くは防ぐことを視野に入れている。取り返しのつかない重大事件が起きてしまったあとに（被害者が亡くなったあとに）、刑法を適用して加害者を罰するより、攻撃の発生、反復、エスカレートを防ぐほうが被害者の福祉に適う。

　法律は基本理念の提示に留まる。法を管轄する省庁は、説明資料を用意することが多い。そこから先、自分の組織において、具体的にどうすべきかは、それぞれの組織で考える。

　大企業や学校は手順書を策定していることがある。被害を知ってどうしたら、とうろたえたとき、ゼロから対処を考案しなくて済むのは助かる。

　手順書の指示を見て、「こんなことをしても意味がない」、あるいは「気が進まない」と感じても、手順書の指示を優先する。そこには不幸な事件を繰り返さないための知恵が注がれている。

手順書に従っておけば、「手順書に沿って対処に努めて参りましたが、このような事態になり残念です」と保身もできる。最悪の事態だけは防ぐ。法と手順書には死者の無念が宿っている。

　管理者は自分が、加害者／被害者、どちらでもないことを意識することがポイントだ。

　訴えを聞いていると、自分が責められていると錯覚することがある。しかし、加害したのは自分ではない。手順書は、加害者に成り代わって弁明や否定に尽力せよとは指示していない。

　被害者が何をされたかについて聞いているうちに、憤慨の気持ちが湧くこともある。しかし、自分は被害者ではない。手順書は、憤慨に基づいて加害者を私刑にせよとは指示していない。

　管理者は、淡々と管理者の仕事をする。正規の責務が何であるかを学ぶことで、立ち位置の混乱を抑えられる。

表16　コミュニティや接触機会に照準を合わせた法令

	侵害を表す語	関連の深い法令
全般	・暴行、傷害、恐喝、強盗、脅迫、強要、不同意わいせつ	・刑法 ・暴力行為等処罰に関する法律 ・民法709条 損害賠償請求
家庭	・児童虐待 ・ドメスティックバイオレンス	・児童虐待の防止等に関する法律（児童虐待防止法） ・配偶者からの暴力の防止及び被害者の保護等に関する法律（DV防止法）
学校	・体罰、暴言 ・いじめ	・学校教育法 ・いじめ防止対策推進法
職場	・パワーハラスメント ・セクシュアルハラスメント ・差別 ・下請けいじめ ・業務妨害 ・カスタマーハラスメント	・民法415条 安全配慮義務 ・労働契約法5条 安全配慮義務 ・労働施策総合推進法（パワハラ防止法） ・男女雇用機会均等法 ・下請法4条 禁止事項 ・刑法233条、234条
機会	・社会的弱者虐待 ・ヘイト、誹謗中傷 ・嫌がらせ ・ストーカー	・障害者虐待防止法 ・高齢者虐待防止法 ・プロバイダ責任制限法 ・迷惑防止条例

(3) 倫理方針の掲示　［努力］

　現場のリーダーは、自ら方針を掲げることができる。
「私は全員が安全かつ健康に働ける職場を願っています」

　大きな組織では、トップの方針と現場の方針に距離がある。従業員
は、トップより直属の上司の方針を熱心に聞く。なんといっても人事権
を持つ人の意向だ。方針が尊重され、最初から問題が発生しなければ、
対処の手間もなしで済む。

(4) 自分で自分を幸福にする　［努力］

　多忙の中でも、幸福を作ることに立ち返る。何度でも何度でも立ち返
る。自分を幸福にすることは、まだこのやり方を身につけていない若手
の手本になる。自分を幸福にできれば、立場の弱い者を攻撃してストレ
スを解消する必要もなくなる。

(5) 人材登用の考慮　［任意］

　どのような人材をリーダーに登用すべきだろうか。単一の解はないと
して、誰を登用してもよいわけではない。部下を持たせるのであるか
ら、立場が弱い者にどのように振る舞うかは考慮の対象になる。候補者
は、新しく配属された者やミスをした者に、どのように振る舞っている
だろうか。

(6) 考察する　－ 組織論　[成長]

　いじめやハラスメントは、防止法が必要になるほど普通に発生する。

　反社会性パーソナリティ、自己愛性パーソナリティ、この二つは、調査をかけると検出できるレベルの頻度がある。権威主義的パーソナリティは基準値を超える成員の割合、または全体傾向で考える。100名以上の組織であれば、侵害を指向する者の在籍は免れない。

　縁あって組織のリーダーになった。組織は多様な人々で構成される。組織論の難度は高い。

8-3 加害者の社会的責務

(1) 攻撃抑制の誇りを抱く ［必須］

「克己」という言葉を聞いたことがあるだろうか。「己に克つ」という意味だ。外部の敵を倒すことを「勝つ」、内発との戦いに勝つことを「克つ」と書く。英語でも、外部の敵を倒すことを「defeat」、内発との戦いに勝つことを「overcome」と書き分ける。

年齢が進んだある日、内発を内発として認識するようになる。意識が内発と分離すると、「攻撃したい」が、「自分の中から攻撃したいという欲求が湧いている」という認識に変わる。この内発との勝負に克つか負けるかだ。

攻撃欲求に克つには、攻撃抑制の誇りを手に入れる。

「自分は攻撃欲求の奴隷にならない。行動を決めるのは内発ではなく自分だ。自分が自分の主だ」という主権の感覚を得る。
「私は攻撃しないことができる」という有能感を手にする。暴力を振るいたいときでも振るわないことができる。非難したいときでも非難しないことができる。落ち度を言い立てたいときでも言い立てないことができる。誇りを手に入れたら、繰り返し、身体になじませる。

　攻撃抑制の誇りには、融通を欠くゆえの弊害もある。それでも克己に成功すれば、犯罪者にならなくて済む。収監や解雇を回避し、やりたいことに挑戦する人生を送ることができる。

表17　攻撃抑制の誇り　― 成人の自尊心

内発分離前	・攻撃行動をとったときに得られる爽快感 ・他者を虐待したときに得られる自己強者感 ・他者を下位と設定したときの優越感
内発分離後	・自分が意識の主だという誇らしさ ・侵害性の行動を抑制できるという有能感 ・精神が内発分離を果たしたという到達感

(2) 対人行動で徐行する　［努力］

　ミラー能は、他者について得た情報を、不随意に自分の脳に転像し、対象者の心情や意図を感知する能力だ。

　・何が問題なのかわからなかったけれど、騒ぎになった。
　・何を言っているのかわからない。気にしなくていいと思う。
　そう思ったことがある者は、ミラー能の働きが弱い可能性がある。

　ミラー能が高い者は、相手の苦痛を自動感知する。相手の苦痛が自分のことのように体感される。「自分がやられて嫌なことは、相手にやるのも嫌だ」と考える。侵害行為を速やかに停止する。

ミラー能が低い者は他者の苦痛を感知しない。少なくとも自動感知はしない。おそらく励起はあるが、強度が弱く、意識に上らない。ミラー能が低い者は、侵害行為を速やかに停止しない。

　磁気を感知できなくても、磁石は北を指す。感知できなくても、ヒトには、安全・生存、利害、尊厳・尊重の指向性がある。他者にも自分を守りたいという防衛の指向性があるから、侵害するとトラブルになる。

トラブル軽減のため、対人行動における徐行を覚える。
・嫌がる気持ちを感じとれないことを前提として、「問題ない」と決めつけることに慎重になる。
・人格を想定する能力が弱いことを前提として、他者の権利を削ることや、特別な義務を課すことに慎重になる。

　徐行とは、意味もなく仕事を遅らせることではない。
　車の運転に似ているかもしれない。見通しの悪い交差点では一時停止する。信号が赤に変わったときも停止する。全体として、市街地に適した速度で車を走らせる。
　関係者の意向を確認する工程と、必要に応じて停止する想定を行動に織り込むと、速度は自然とゆっくりになる。

　徐行を開始すると、人々が慎重にやっていることに気がつく。

・相手がいる問題を自分単独で決めない。意向を尋ねている。
・会議を開き、関係者の利害情報を収集している。

・自分の都合がよいだけでなく、win-win になる形を探している。
・業務上の要請を受けたとき、反応的に棄却せず、考えている。
・トラブルに発展したとき、一人で判断せず、助言を求めている。

　衝突をゼロにはできない。しかし、徐行していれば大事故は避けられる。トラブルが重篤でなければ協働生活を続けられる。

　まずは、徐行の入門からだ。

(3) 自分で自分を幸福にする　［努力］

　自分を幸福にする。他者に自分を幸福にさせるのではなく、自分で自分を幸福にする。難しいが、やりがいはある。駆り立てがないところにも幸福はあるが、それを見つけることができるだろうか。

(4) 人格想定を試みる　［任意］

　他者の苦痛を感知する機能が少し弱いだけであった場合、相手側の体験をすることで、思いやりと呼ばれる能力を手に入れることができる。

・サービスを受け取る立場だった場合、提供する側の体験をする。
・弱者の感覚を知る企画に参加する。野宿体験、暗所を歩く体験、
　手足に重りを付ける体験、教師から差別される模擬体験がある。
・カウンセリングでは、言い争いの配役を交代する手法が使われる。

体験することで、その人がどのように感じているのか、自分の身体の感覚としてわかる。他者の感覚は感知できなくても、自分が体験したことはわかる。

　体験を通して得た記憶は、関連する出来事があったときに想起される。他者の心情を読み取れなくても、格納済みの記憶を想起する方法で他者の苦痛や負担に配慮できるようになる。

　人格想定が完全に破綻している者は、そもそも他者を思いやろうとは思わない。思いやろうと思えたのなら、基礎能力は備わっている。経験を使って配慮の能力を伸ばすことができる。

(5) 考察する　－ 欠損識　［成長］

　精神疾患で危ういのは「病識」がないときだと言われる。病識が成立したあとは、混乱が起きても、気分が変動しても、意識が強く抵抗する。脳の生化学異常に見舞われてなお、意識は主権を渡さない。

　他者の意向を感知できない性質も、「そうだ」と気づくと、意識が補完を開始する。充実した脳の強さは尋常ではない。

　自分をサンプルとして行った分析や、体験に基づいて考案した工夫は人々の役に立つ。哲学者セネカは「人は教えることによって、最もよく学ぶ」と言った。説明しようと汗するうちに、誰も到達していない知に辿りつきそうに見える。

8‑4 対人弱者の社会的責務

(1) 生き延びる　[必須]

　ガン患者が、自分はガンと知ってすぐ、全員自殺してしまったら、患者会は組織されない。闘病記が文学として確立されることはない。ガンの治療研究は進まない。励ます人も、寄り添う人も生まれない。生きて、そこにあり、生き延びようとすることが、社会のさまざまな活動を作り出す。

　対人弱者も、生存期間を引き延ばす。最終的に自殺を選んだ場合も、それまでの延命は有効だ。1秒、1分、1時間、1日、すべての延命が力を尽くして成し遂げたことだ。社会に存在した、すべての時間が功績になる。ありとあらゆるすべてのことが存在していなければ生まれない。対人弱者の最大の責務は、生きて、存在することだ。

(2) 自分が加害者にならない　[必須]

　攻撃されると攻撃欲求が湧く。しかし、報復にはなりにくい。脳には強い相手への攻撃を阻止する仕組みがあるらしい。報復はしないとしても、攻撃を実行してしまいそうな場面はある。

［強い立場になったとき］

　弱者を前にすると攻撃したくなる駆り立ては、対人弱者にも同じように搭載される。強い立場で過ごした経験が少ないことを考慮し、弱者と同席したときの行動を慎重にする。

［甘えが発動したとき］

　ため込んでいた攻撃欲求を支援者に向けて放出してしまうことがある。配慮に配慮を返せないのなら、思いやりをくれる人と共にあることはできない。

［社会を憎むとき］

　対人弱者には、悪意を持つ人が次々に近づいてくる。接近者をサンプルとして人間観を構築すると、「人は悪意に満ちている」という結論が導かれる。しかし、近づいてこない隣人についてはどうだろう。自分が好きな俳優、アーティスト、作家はどうだろう。

　方法は問わない。意地になって社会全体を憎むことに抵抗する。社会をひと絡げにして憎むとき、その憎しみは遠からず、社会の中に含まれている弱い者を標的にする。

（3）自分を餌にしない　［努力］

　他者に人格を想定する能力が低い者に、自分を餌として差し出すことを続けると、「この搾取は問題がない」という認識が固着し、覆すのが難しくなる。

- 脅したら、利が手に入った
  - →「脅すと利が手に入る」
- 強要したら、相手が要求をのんだ
  - →「強要すれば相手は要求をのむ」
- 難癖をつけたら、機嫌取りをしてもらえた
  - →「難癖をつければ機嫌取りをしてもらえる」

ミラー能が低い者は他者の心情を感知しない。結果のみを手に入れる。ミラー能が低い者には、侵害性の言動では利を得られないという、わかりやすい結果を返す必要がある。

自分を餌にすることをやめる。供与や支援を打ち切る。依存擁護をしない。正しい情報は正しい認識を作る小さな部品になる。

(4) 自分で自分を幸福にする　［努力］

自分を幸福にする仕事はさぼってもよい。さぼってもよいが、完全になしでは足りない。全く幸福にならずに死んでいくことは、その身をもって、「対人弱者は不幸の中で死んでいくものだ」という傾向を肯定したことになる。遠い友に届ける風の便りは、「対人弱者も幸せになれる」だ。

(5) 社会に問題を知らせる　[任意]

　近年、監視カメラやボイスレコーダーで、犯罪が記録されるケースが増えている。あおり運転、土下座を強要する客、ぶつかり男など、生々しい実態が市民を驚かせている。

　社会に知らせても助けてはくれない。それでも社会に知らせるのは問題の存在を知ってもらうためだ。社会のどこかに、その問題を研究したいと思う者がいても、問題の存在を知らなければ検討できない。情報は社会の共有財産になる。公知となった情報が、被害をなかったことにされて苦しんでいる同胞をひそかに癒やすこともある。

(6) 考察する　－ 心の支え方　[成長]

　被害者は自分の苦痛を見つめ、ケアの方法を研究することができる。怒りと向き合い、気持ちの落ち着け方を研究することができる。

　被害経験などないほうがよいに決まっている。その被害に遭ってしまったときに取りうる最善の形が、「転んでもただでは起きない」だ。

　謝罪を望む気持ち。苦しさをわかってもらいたい気持ち。苦労が報われる夢。さまざまな思いが自分の中にある。ひとつ。またひとつ。内発を内発と認識する力を獲得する。

8‑5 バイスタンダーの社会的責務

(1) 自分が加害者にならない　[必須]

　バイスタンダーが加害者にならないために、できることは三つある。

　一つ目は、「侵害行為に協力しない」ことだ。
　見張り役は共犯になる。主犯に凶器を渡せば幇助犯になる。「命令されてしたことに責任はない」と考えても、法は実行犯を免責しない。

　二つ目は、「助けないときは、被害者を叩かない」ことだ。
　叩きたくなっても叩かない。自制の方法は複数ある。
・「自分は暇か？」と自問する。
・「投稿しなければ自分は死ぬのか？」と自問する。
・「反応しない練習」と唱える。
・思い留まるゲームと考える。
・自分が著名人になったときのことを想像して、発言を吟味する。
・行動責任を横取りする泥棒になっていないか、吟味する。
・関係者になり救助責任を負うつもりか、叩くだけかと自問する。

　三つ目は、「助けないときは、その場から離れる」ことだ。
　暴行を見ることは法律上の罪に問われない。しかし、しばしば加担方向に作用する。

主犯は言う。「強いところを見せるためにやった。自分一人ならやらなかった」。至近で見ることは、「倒す場面を見せれば、人々は私に畏敬の念を抱き、従いたがる」という願像を支える行為になっている。

　主犯は言う。「とめてほしいと思ったが、誰もとめなかったので続けた」。加害者はしばしば精神的に幼い。「本当にいけないことであれば、ママがとめてくれるはず」と考える心理を持っている。

　場に留まることが、加害行為の承認に作用する。
　立ち去るとよい。見るのをやめるだけで、「示威行為の観客役」「加害行為の承認」、この二つの加担を無しにできる。

　講演会で演者が聴衆の一人を侮辱し始めたとしよう。聴衆は一人、また一人と席を立つ。空っぽの会場に残された演者の心情を想像すれば、場に留まることが加担に作用していたことがわかるだろう。バイスタンダーが退席すると、被害者の退席しやすさも増す。

　助ける者は、早々に飛び込むか、やめろと叫んでいる。見る状態で固まった者が介入に転じる可能性は低い。

　場を離れ、強すぎる刺激の流入が止まると、考える力が復活する。通報を思いつくことがある。「総務からお電話です」と呼び出して、お仕置き部屋から脱出させるアイディアを思いつく者もいる。現場から離れて行動する有利はバイスタンダーが持っている。

(2) 緊急時の通報　［努力］

　緊急時は通報の努力をする。通報の可否を相談ダイヤルに相談することもできる。

　・救急119番　／　救急電話相談＃7119
　・緊急通報110番　／　警察相談ダイヤル＃9110

(3) 自分で自分を幸福にする　［努力］

　自分の笑顔は一人分、場を明るくする。自分が見つけた楽しいことは、加害者、被害者を問わず、誰とでも共有することができる。

(4) 寄り添い　［任意］

　厚生労働省は、自殺対策にあたって「ゲートキーパー」という概念を提唱した。ゲートキーパーとは、「悩んでいる人に気づき、声をかけ、話を聞いて、必要な支援につなげ、見守る人」のことだ。

　話を聞くと、被害者の孤独感が和らぐ。孤独感が和らぐと、困難に立ち向かう気力が復活する。

　話を聞いているうちに、被害者が荒れ始めることがあるかもしれない。困難と感じたときは、対応を打ち切ってかまわない。素人には適さない領分がある。対応先は精神科に落ち着くので心配は要らない。

(5) 考察する － バイスタンダー ［成長］

　吉野源三郎は、『君たちはどう生きるか』（ポプラ社）でバイスタンダーの行動の難しさを提示した。バイスタンダーはどんな役割を果たしているのだろう。バイスタンダーに何ができるだろう。

　問題を解決できればそれ以上のことはないが、解決できなくてもよい。考える人たちで構成された社会は、ヒトが取りうる最善の形だ。記録する、あるいは記憶の片隅に置き続けたことが、現在の対策につながっている。

第9章
対人弱者が社会を動かすとき

Possibility to Change Society

― What can the Targeted Persons Do? ―

9-1 対人弱者にできること

個人の立場で

　社会を変える方法として、抵抗活動、救済活動、社会的訴訟、立法がある。しかし、これらの活動は大きなエネルギーを必要とする。無理だと思う人も多いだろう。もっと小さく、個人の立場で、いじめ、嫌がらせのない社会を担う方法はないだろうか。

　方法の一つ目は、自分がしっかりした人物になることだ。
　自ら考える者となり、重さを備える。社会は個人を要素としている。自分が学び、研究し、しっかりした意見を持てば、その分、身の詰まった社会になる。充実した思考体は吹いても飛ばない。

　方法の二つ目は、自分が率いる組織を健全に保つことだ。
　対人弱者も教職に就くことがある。部下を持つことがある。よそはともかく、自分が率いている組織は動かしようがある。

　マザー・テレサは、「What can we do to promote world peace?（世界平和のために、私たちはどんなことをしたらよいですか？）」という質問を受けて、「Go home and love your family.（家に帰って、家族を大切にしてください）」と回答したという。

　方法の三つ目は、対策を考案することだ。

　どんなアイディアも最初は一人の人が思いつく。その着想を複数の人が育てる。具体化する者がいる。導入を検討する者がいる。改良する者がいる。施策への反映を考える者がいる。

　他者に出してもらったアイディアにダメ出しをする役から、自ら考案し、対策を強化する陣営へ。小さな転向が勢力図を変える。

9-2 考案を担う

　いじめやハラスメントの対策を考えてみよう。対策のタイミングは三つ、発生前、発生時、発生後だ。
　本章では、六つの考案を取り上げる。

(1) 倫理指針の策定と提示　－　発生前の対策

　人は、幻想の世界に住んでいる。
「自分の行動は組織に支持されている。推奨された行動である」
　倫理指針を提示すると、その幻想は消える。

「厳しい指導は我が社の文化です。私は王道を歩いているという誇らしい気持ちでいっぱいでした。評価されない方針に変わったそうで残念です。しかし、私は体罰をやめません」

　当人の方針が変わらないときでさえ、倫理指針を提示すると虐待の意欲は削がれる。これまでは組織が責任をとってくれると信じていた。これからは自分で責任をとらなくてはならない。

　理念を掲げられないのは組織の状態がよくないことを思わせる。自分の組織に倫理指針はあるだろうか。

(2) 管理職研修　－　発生前の対策

　管理職の就任予定者を対象として、パワーハラスメント研修を行う。会場で受講する方法と e‐ ラーニングで受講する方法がある。

　認識の個体差は大きい。「言われなくてもわかるだろう」と思えることも明示する意義はある。事前に説明してもらえれば、例示された行動を抑制することができる。

　問題を起こす前、人は熱心に耳を傾ける。自分が不利になることを防ぐため、情報を活用しようと考える。事後の説明は届きにくい。「法律上の罪にはあたらない」「業績向上のためだった」などの正当化に執心する。保身を重んじる者ほど、事前と事後の差が大きくなる。少しの手間で大きな効果を得たいなら、研修の実施は就任前がよい。

　研修用の資料案を作成し、公開すれば、利用してもらうことも、参考にしてもらうこともできる。かつての苦痛は事例の形に姿を変え、社会を動かし始める。

(3) 加害者と被害者の引き離し　－　発生後の対策

　パワーハラスメントの処分後も、上司と部下の関係が続行することがある。上司は苛立つ。部下は報復人事に怯える。どちらも仕事に集中できない。引き離すに越したことはない。

引き離しは問題が軽微なうちから使える。そのままでは休職になりかねないとき、仕事のパフォーマンスを向上させるという名目で引き離しを実行できる。懲罰ではないので調査会は不要だ。

　攻撃のもよおしは視覚で誘発される。背中合わせにすると攻撃を減らせる可能性がある。競争心が背景にあるときは、業務の競合を解除すると収まる可能性がある。

　引き離すとして、どのようなやり方があるだろうか。

(4) 事後講習　－ 発生後の対策

　加害者は悪いことだとは思っていなかったから、その行為を実行できた。説明がない限り、認識はアップデートされない。何が悪かったのかわからないまま、停職期間は終わる。

　ハラスメント行為をとがめられると、加害者は独自ルールに基づいて解釈をひねり出すことがある。

［パワーハラスメント加害者に見られる認知のゆがみの例］
① 傷害は不可、脅迫は可
　　「けがをさせなければ問題ない」と考えている。
　　　転倒もありうるので、椅子蹴りについては禁止を了承する。
　　　脅迫はボールペンやカッターを突きつけるやり方に変更する。

② 対象者は接触不可、別の標的は可

「あの者に関わるとハラスメントに認定される」と解釈する。

　最初の標的への接触はやめる。挨拶せず、業務連絡もしない。

　むしゃくしゃしたときは別の標的への攻撃で発散する。

③ 禁止語は不可、下化は可

「用語に可不可がある」という官僚のような基準を持っている。

　指導後、「上下をわからせるの上下が禁止語だった」と解釈する。

　格下、年下、新入りなど、別の語を使って下化を再開する。

④ 害意は不可、遊びは可

「軽い気持ちでやった行為は問題ない」という感覚を持っている。

　親愛表現が問題視される理由がわからない。

　気軽に振る舞えなくなった社会を息苦しく感じている。

⑤「組織のため」は善

「組織の利益を増すことは善」という価値観を持っている。

　部下の残業記録の抹消をとがめると、経費の節約だと主張する。

　残業記録の改竄はやめるが、品質データの改竄指示は続ける。

⑥「相手のため」は善

「相手のためを思ってした行為は罪にならない」と考えている。

　長時間叱責や私罰をとがめられると、当人のためだと譲らない。

　支配や虐待の快楽を利他加工していることに気づかない。

⑦ 「愛する者を守るための攻撃」は善

　「愛は尊い」と考えている。

　　愛する者の周辺にいる者への攻撃を愛情表現として行う。

　　攻撃の努力が認められ、愛する者と相愛となる形をよしとする。

　加害者にどのような価値観や展望を獲得してほしいのか。一から、丁寧に、網羅的に説明しなくては、認識はアップデートされない。「言わなくてもわかるだろう」は、問題を起こしたことがない人には適切でも、問題を起こした者には適切ではない。

　事後講習の方法は確立されていない。罰を使えば人を思い通りにできるという願像から意識を引き剥がし、加害者の世界観を理解し、講習内容の立案や改善に寄与できそうだろうか。

(5) 人事権の剥奪　－　発生後の対策

　企業が管理者に与える権限は大きい。与える権限が大きいほど、乱用の被害も大きくなる。誰にどんな権限を与えるかは、企業に裁量がある。そして権限を付与するのであれば、問題が起きたとき、それを剥奪する責任もある。

　国家資格を定める法律は、資格の乱用を認定すると、資格を失効させ、再び有効となるまでの待機期間[*1]を設ける。権限の乱用に権限の剥奪で応じる。パワーハラスメントを人事権の乱用行為とみなし、一定期間、人事権を失効させるのは一つの方法だ。

　部下を死なせたケースは解雇しか道がない。加害者を解雇してなお、命は取り返すことができない。組織から死者を出した責任は極めて重く、当事者の処分に留まらず、運営方法の見直しも迫られる。

　加害者が収監されたときも解雇しかない。勤務しようがない。労働契約法は解雇が乱用されることがないよう、適用に制限を設けているが、それでも一部は解雇になる。解雇以外のケースで権限の剥奪を考える。

　問題となった攻撃性の言動は「石橋を叩く」に相当することがある。管理者の地位に安心を見出したいという本質に目を向けず、行動のみをとがめると、別の方法で安全確認を始める。優位に伴う不安ゆえに攻撃行動をとっていたケースは、部下を持たせないことがストレートな対応になる。停職処分や減給処分は的を射ていない。

　人を管理する業務には特別な能力が必要になる。個人として成果を出す能力と他者への働きかけを通して成果を上げる能力は異なる。個人の特性に合った仕事で組織に貢献してもらうことを考える。

　パワーハラスメントをした者の処分方法は確立されていない。処遇は手探りの段階だ。

＊１　国家資格の待機期間：　収賄罪の実刑を受けた者は10年間、議員になることができない、医師は処分の日から５年経たないと再免許を申請できない、弁護士は失効後３年を経過しないと資格が有効にならない、など。

(6) 登用方針の確立 － 総合対策

　リーダー論、マネジメント論は多数刊行されている。どのような者を登用すると組織が活性化するかは、経営者にとって興味ある課題だ。しかし、実際の登用はそれらの英知の届かない場所で行われる。暗くよどんだ場所は、パワーハラスメントだけでなく、差別の温床にもなっている。

　人材の登用にあたって、記録を残してもらったらどうか。
　部門を率いるのに必要な資質について研究し、評価項目を確立する。組織は何をもって対人能力に優れると認定するか。全部門で一律にする必要はなく、項目の配点を変えて、部門の特性に合わせることもできる。

　形式ばかりの評価票であっても、記録を義務付ければ、対人能力を極端に無視した登用はやりにくくなる。評価項目に同僚や部下からの評価を設定する方法で、評価権の一部を部下や同僚に分配することもできる。

　現段階で対策に必要なのは頭脳労働だ。何もかも、泥まみれの考察の向こうにある。

10%の法則

　いじめ・ハラスメント・差別が抑制された社会を実現したいと最も強く願うのは被害者だ。最初に志を立て、行動を開始するのは被害者になる。序盤は孤独な戦いになりそうだ。くじけそうなときは、「10%の法則」を使ってみるとよいかもしれない。

　10%の法則とは、
「自分がやろうとしないことは他者もやらない。自分がやろうとしていないことには手を貸しようもない。しかし、自分がやれば、自力の10％ぐらいは支援が来る」
　という架空の法則だ。

　架空の法則なので支援は保証されない。それでも「助けは来る」と思うと気力が続く。気力が保たれれば行動を続行できる。最終的に支援が皆無であったときも、自分の行動を確保できれば、一人分、前に進む。

　生まれたときにはすでに存在していた法律も、最初は実在する個人が考え始めた。現在では複数のNPOがある社会問題も、最初は前例のない団体だった。支援が得られない場面がたくさんあったに違いない。

　幼いときは与えられた環境を受け取ることしかできなかった。与えられた環境が良ければ享受した。与えられた環境が悪ければ苦しんだ。成人は違う。成人は一人分、社会を作る。あっという間に担う側に立っていて、あっという間に命の期限は来るという。

終わりに

　弱者がかわいそうという気持ちだけで、私がこの本を書いたと考えるのであれば、それは違う。

　生物学者エルンスト・ヘッケルは、「個体発生は系統発生を繰り返す」と述べた。ヒトの個体は例外なく、動物に近い状態から精神の営みを開始する。最初は言語で考えることすらできない。反応するだけ、あるいは基調性の駆り立てに従うだけだ。年齢が進むにつれて発達するとして、どこまで発達するかは個体によって異なる。

　遠くまで行ける者は数が少ないので、発達の全体分布は動物寄りになる。しかし、最頻値の特徴のみで人類を表せたとはいえない。人類の特徴は遠点にある。他の動物と比べて裾が長い。最遠点だけに着眼するのも極論だ。考える人々という巨大な基盤があって、遠点がある。こんな分布構造を持つ動物は、ヒト以外にない。

　対人弱者は生き延びるため、さまざまなことを学び、考察する。
　いじめ問題の洞察を手にするのは被害者であって、嫌がらせを楽しんだ側ではない。自分を生かすことを考えるのは、そうせざるをえなくなった者であって、他者に世話を押し付けることに成功した者ではない。生き延びることができれば、対人弱者は遠くまで行ける条件を備えている。

　将来、ひとかどの人物になるかもしれない者を憐れみの対象とするのには違和感がある。ハンディに負けずに生きる人々や、地位に頼らずに生きる人々に接し、敬意を抱く機会が増えてきたら、私が嘘を言っているのではないと信じられるのではないだろうか。

　晩年、万感の思いで人生を振り返るとき、未発達のまま人生を終えることには価値を見いださないだろう。少なくとも私は、知的に成長して、命の任期を終えることに価値を置いている。なんといっても、ヒトはこの星一番の知的生命体だ。

　思考は日々、充実する。昨日の脳と今日の脳は異なる。
　本を手にした者は知の力を得る。
　未来ある命に祝福を。

　　　　　　　　　　　　　　　　　　　　　　　　　　瀬戸裕紀

キーセンテンス

実際に相手が弱いか、攻撃によって利が得られるかは、攻撃
の開始を決定づける条件ではない。　（第1章　対人弱者とは）

社会で暮らすときの生活の質は、最初から攻撃がない平穏な
時間に依存する。　　　　　　　　　（第1章　対人弱者とは）

代表的な対処方法は、(1) 耐える、(2) 無視・不服従、(3) 拒
否・謝絶、(4) 暴力で戦う（反撃）、(5) 言葉で戦う（反論）、
(6) 救助要請、(7) 逃げる、この七つだ。
　　　　　　　　　　　（第2章　攻撃されたときの対処を選択する）

最善の道は、全方位に展望が開けているときに初めて見え
る。　　　　　　　　　（第2章　攻撃されたときの対処を選択する）

見えない鎖は切れないが、見えた鎖は努力次第で切れる。
　　　　　　　　　　（第3章　「逃げる」をマスターする −決断編−）

殺されるとしても逃げながらだ。
　　　　　　　　　　（第3章　「逃げる」をマスターする −決断編−）

席を立ち、足を左右交互に動かし、少しでもその場から離れる。　　　　　（第4章　「逃げる」をマスターする －実践編－）

進んで世話を焼くという情報を手に入れて初めて、願像通りの存在が出現したという確信を持つ。　　　　　（第5章　防ぐ）

自分が心の声に耳を傾けてやらないとしたら、誰がその声を聴き取るのか。　　　　　（第6章　心を守る）

対人弱者は晩年、幸せになる。
　　　　　（第7章　幸福をあきらめない）

社会を動かすのに有効な形は、体勢A、体勢Bのどちらだろうか。　　　　　（第8章　尊重ある社会を作る）

用語集

【対人弱者(たいじんじゃくしゃ)】　1-1章
　　対人関係において、攻撃の標的として選択されやすい姿形・属性を有し、不遇に対応した知識・技能を獲得しなければ生き延びることが困難な者。
　　本書を初出とする造語。

【駆り立て(かりたて)】　1-1章
　　脳に生じる励起（発信、内発）のうち、個体に行動を促す（駆り立てる）性質が強いもの。脳の励起が個体の行動を操るという概念に総称がないため、著者が選択した表現。
　　淘汰の背景を持ち、搭載頻度が高い駆り立てを「本能」と呼ぶことがある。一時的で激しい駆り立てを「衝動」と呼ぶことがある。持続的、かつ不合理を自覚しても抗えない駆り立てを「強迫」と呼ぶことがある。感情との対比で「欲求」と呼ぶことがある。欲求のうち、展望を伴うものを「欲望」と呼ぶことがある。

【下化(げか)】　1-1章
　　自分の序列観で下位と見積もった相手を、序列観通りの下位に位置づけようとして、その相手を攻撃すること。直接攻撃だけでなく、対象者の差別的処遇を維持・確立するために行う活動を含める。著者の造語。

【主体効果(しゅたいこうか)】　2-3章
　　主体的に行動したときに発生する正の心理効果。
　　例えば、以下の心理がある。
　　　① 本意感（自分の意に沿っている）　　cf. 不本意感
　　　② 有能感（自分には物事を変える力がある）　　cf. 無力感
　　　③ 意義感（この行動には意味がある）　　cf. 無駄、無意味
　　　④ 安堵感（担当範囲を全うしたという分責意識が生む安堵）
　　　⑤ 好転感（上向きのベクトルを出したことで発生する遠望）

　主体的な選択や行動が正の心理効果を生み出すことは、一般認識と思われる。「主体効果」は、著者が説明のために名詞化した呼称にすぎない。

【ミラー能（みらーのう）】　　2‐4章、3‐3章、8‐3章
　他者について得た情報（動作、発語、選択など）を不随意に自分の脳に転像（ミラー）し、対象者の心情や意図を感知する能力。ジャコモ・リッツォラッティらの報告に基づく著者の造語。
　リッツォラッティの研究グループは、マカクザルの脳を使い、他の個体の動作を目視したとき、その動作を自分で行うかのように発火する神経細胞（ミラーニューロン）の存在を示唆した。この神経細胞には、他者の感覚の感知を可能にし、他者に意識を想定する機能が想定されている。
　ミラー能は、賛意や肯定を要件に持つ「共感」と差異がある。共感しかねる傲慢や自分の要望に対する拒否の意向も感知の対象になる。
　ミラー能は、不随意に動作する点で、「思いやり」と差異がある。注意を向けなくても情報が流入し、感知する様子は聴覚に似ている。

【人格（じんかく）】　　2‐4章、6‐3章、8‐3章
　多義性の語。本書の「人格」は、ヒトの個体が有する基本的な指向性を指す。人格3点セットと表現した場合は、以下の三つの指向性とする。
　　① 生物として、「安全・生存」を指向する。
　　② 判断能力を有する動物として、安全・生存に資する「増利・避損」を
　　　 指向する。
　　③ 社会性動物であるヒトとして、安全・生存、増利・避損の基盤となる
　　　 「尊厳・尊重」の関係性を指向する。
　既存語に「基本的人権」があるが、生物学には権利の概念が存在せず、指向性・希求性のみがある。社会学ではこれらの権利設定を扱う。

【願像（がんぞう）】　　2‐5章、5‐3章
　欲求性の発信を背景として脳内に結像した都合のよいイメージ。人物像、社会像、道具、状況、展開、因果、法則、仕組み、設定などの形がある。著者の造語。個体の探求行動、追求行動、執着、ときに侵害性、搾取性の選択を誘導する。
「死にたくない」は欲求、「薬で病気を治したい」は欲望、「不老不死の妙

薬」は願像に相当する。「暴力を振るいたい」は欲求、「問題を解決したい」は欲望、「暴力を振ると問題が解決する」は願像に相当する。

関連語にインセンティブ（Incentive）がある。インセンティブは、成員の行動を誘導する目的で、施策者が意図的に設定する報奨型の制度。

【主体意識（しゅたいいしき）】　3-2章

外部情報、記憶情報、内発情報の3種を統合する位置につき、理解、判断、立案等の知的な処理を行う意識の有り方。本書で行う意識構造の想定。

年齢とともに発信を内発と認識する傾向が強まることから、主体意識の成立には思考基盤（想起網）の充実が関係しているように見える。激しい情動によって一時的に統合性を失う現象は、励起強度による意識の結像の奪い合いを思わせる。意識の成立自体が未解明であって、これらの意識構造に関する脳科学の裏付けはない。

類似する概念に「理性」がある。主体意識が行った判断は、道理性や合理性が高いことが多いが、それらは主体意識の要件ではない。主体意識の要件は、統合性にある。

【内発（ないはつ）】　3-2章、6-2章、8-3章

自分の中から湧いているという意識状態に到達したときの、感情、欲求／不満、強迫、衝動、都合がよい／都合が悪い、好き／嫌い、快／不快などの諸発信。

内発を観察するという意味の「内観」という語のほうが普及している。

内発の認識が未成立の状態で、駆り立てられる意識を持ったとき、その内発を、神の指示、天理、規則、道徳、伝統、常識、普通などの外在で説明しようとすることがある。

内発と向き合う主体意識の姿勢として、敵対（抑圧）、受容（世話）、共存（放置）がある。森田療法は「あるがまま」、すなわち主体意識が内発を放置する姿勢を目指している。

【怯像（きょうぞう）】　3-3章

恐怖性の発信を背景として脳内に結像した都合の悪いイメージ。悲惨な状況、悪い展開、他者の悪意、自分が報いを受ける設定などの形がある。著者の造語。個体の忌避行動、ときに自棄性の選択を誘導する。

【見えない鎖（みえないくさり）】　3-3章、4-3章
　行動を拘束に傾向づける脳の発信のうち、認識に上りにくい（内発分離しにくい）もの。何が起きているのかわからないまま、行動を縛られる。著者の比喩。

【条件代行型自己肯定（じょうけんだいこうがたじここうてい）】　3-3章
　自分の存在肯定を条件に肩代わりさせる自己肯定の方法。条件自体は立派でも、やっていることは依存というアンバランスがある。著者の造語。

【リソース（resource）】　3-4章、6-1章
　資源。何かを生み出すのに利用できる（資する）もの。有形無形を問わない。生み出す物が決まっていて必要量を指し示すとき、特に金銭は「コスト」と呼称されることが多い。本書は活動を可能にする資源としての精神状態に着眼し、精神リソースという特殊な想定をしている。精神リソースは著者の造語。

【躁状態（そうじょうたい）】　3-4章
　双極性障害の躁期に起きることで知られる精神状態。
　以下の特徴がある。
　　① 快楽、減苦
　　② 気分の高揚（元気、活力がみなぎる感じ、疲れ知らず、血湧き肉躍る）
　　③ 優越方向への自己認識のゆがみ（優越感、自己強者感、万能感）
　　④ 楽観方向への見込みのゆがみ（損失小で利得大、失敗なく成功のみ）
　躁状態になったときの脳の状態や、躁状態が起きる仕組みは明らかではない。態様を観察する範囲では、双極性障害に見られる躁状態と、標的を虐げるときに見られる躁状態の区別はつかない。メカニズムの一部が共通していることを思わせる。

【属性攻撃（ぞくせいこうげき）】　4-2章
　該当する属性を持つことを主理由として行われる暴力、差別、および脅迫性、弾圧性の言論。著者の造語。
　既存語に「ヘイトクライム（憎悪犯罪）」がある。属性を根拠とする点に特徴があるため、著者はこの表現を選択している。

【もよおし】　　5−1章、5−2章
　感知から動作に至る道程が短く、抑制の余地が少ない駆り立て。
　尿意→尿漏れ、吐き気→嘔吐など。本書は用法を生理的欲求に限定していない。

【つつきのもよおし】　　5−1章、5−2章
　弱そうに見える相手が目の前に出現したとき、反応的に行う攻撃。
　動物学者トルライフ・シェルデラップ゠エッベの「つつきの順位」を由来とする著者の比喩。

【止まらないオルゴール】　　5−1章
　同じ主張の繰り返しが長時間続くことを特徴とする攻撃の態様。著者の比喩。

【七色の食い物(なないろのくいもの)】　　5−1章、5−3章
　多数の人から、win-lose 関係が成立すると見積もられる標的。著者の比喩。都合の良い他者像は人によって違うのに、対人弱者は多くの人から「この者がそうだ」と見なされる。

【恩返され願望(おんがえされがんぼう)】　　5−3章
　自分は恩人であると優越しながら、利を受け取る願望。著者の造語。
　文化人類学者ルース・ベネディクトは『菊と刀』[*]で、日本独特の「恩」の概念があることを指摘した。単純に利を受け取ると、負い目を生じてしまう。日本のエンターテインメントでは、恩返しという設定を使って負い目を払拭し、恩人として優越しながら、大利を得る夢が描かれる。
＊　ルース・ベネディクト『菊と刀』, 講談社学術文庫（2005年）

【注意の濃淡(ちゅういののうたん)】　　6−1章
　注意を向けた事象が詳細に見え、注意を向けていない事象の認識が減弱する現象。メカニズムとして脳の励起可能な容量に上限があるというワーキングメモリ仮説[*]がある。意識の結像自体、未解明であり、意識の制御方法も仮説に留まる。
＊　藤田和生編『感情科学』, 京都大学学術出版会（2007年）

【落着モデル(らくちゃくもでる)】　6‐1章
　想念を停止する目的で思い浮かべる落着性の命題または語。著者の造語。
　命題の真偽にかかわらず、想念が停止すれば、リソース開放の効果を得られる。ことわざ、教義、名言が使われることが多いが、独自考案も可能。例「苦あれば楽あり」「天網恢恢疎にして漏らさず」「神は乗り越えられる試練しか与えない」

【悪意を伝達する攻撃(あくいをでんたつするこうげき)】　6‐3章
　悪意を伝達することにより、標的を精神的に苦しませる攻撃。物理的な攻撃が未遂であっても標的は苦しむ。直接攻撃との違いを強調するために用いた著者の表現。
　標的を苦しませる言説として、以下の報告がある。
　　① 標的または家族に対する傷害の意向
　　② 財産に対する略奪または破壊の意向
　　③ プライバシーや性的尊厳を侵害する意向
　　④ 不利益な処遇を行う意向
　　⑤ 供出の要求、権利放棄の要求、低頭の要求、自殺の要求
　　⑥ 虐待を愉快とする感情の表明
　　⑦ 標的を用途物、人権のない存在、無価値な存在とする創作設定
　　⑧ 標的が行う労働を無価値、無償とする創作設定
　　⑨ 落ち度や身体の難点の言い立て、会場における嘲笑
　手段型では、加害者が供出させたい利を明示する。
　快楽・滴下型では、供出させる利の明示をしない。
　供出させたい利を明示しないときも、しばしば加害者は利を手にする。
　　① 加害者が、愉快感、自己強者感、元気を得る（快楽、減苦）
　　② 攻撃を免れようと標的が差し出した利を手にする（供出利権）
　　③ 標的の意欲や能力が低下し、相対上位を手にする（上位利権）
　　④ 標的が敗走または自殺し、場に残った利権を手にする（残存利権）

【封抗攻撃(ふうこうこうげき)】　6‐3章、8‐2章
　被害者の抵抗を封じることを指向する言動の総称。管理者またはバイスタンダーによる発語を想定している。著者の造語。

以下の報告がある。
　　① 被害の事実を否定する、なかったことにする、もみ消す（否定）。
　　② 被害の事実を申し出たことを、和を乱したと非難する、難色を示す
　　　（非難）。
　　③ 管理権限を使って、被害者の抵抗を禁止する（抵抗阻止）。
　　④ 管理権限を使って、通報・救助要請を禁止する（救助要請阻止）。
　　⑤ 被害者を圧迫し、生残の希望を断念させる（潰化）。
　　⑥ 被害者を敗走または死亡させて、問題を解決しようとする（浄化）。

【する／させるの混同(するさせるのこんどう)】　　6-3章
　　自分を律している感覚をもって、他者に善行的な振る舞いを強いる、自他
認識における混乱の一つ。
　　高頻度で混同が観察される項目に、努力、勤勉、感謝、反省、謙虚、奉
仕、献身、犠牲がある。

【10％の法則(じっぱーせんとのほうそく)】　　9-2章
　　自分がやろうとしないことは他者もやらない。そもそも自分がやろうとし
ていないのだから、手を貸しようもない。しかし、自分がやれば自力の10％
ぐらいは支援が来るという架空の法則。著者の創作。類語に「天は自ら助く
る者を助く」がある。

装幀　本澤博子
装画　iStock.com/Olga Ubirailo
図表　株式会社ウエイド

《著者略歴》

瀬戸裕紀〔せと　ゆうき〕

1964年生まれ。東京理科大学大学院 理工学研究科 応用生物科学専攻 修士課程修了。1989年より企業の研究所勤務（主任研究員）。内閣府参与を経て現在は執筆に専念。専門は医学統計、統合生物学、研究倫理。

対人弱者の生存戦略

2023年10月1日　第1版第1刷発行

著　者	瀬戸裕紀
発　行	株式会社PHPエディターズ・グループ
	〒135-0061　東京都江東区豊洲5-6-52
	☎03-6204-2931
	https://www.peg.co.jp/
印　刷	シナノ印刷株式会社
製　本